**IDIOMA
COREANO**
para iniciantes

I0528325

## APRENDA
# Coreano

**O LIVRO DE EXERCÍCIOS DE IDIOMA PARA INICIANTES**

- ☑ Domine o alfabeto Hangul, passo a passo
- ☑ Aprenda a ler, escrever e falar coreano
- ☑ Guias detalhados de sons e pronúncia
- ☑ Diagramas com as ordens dos traços e dicas de escrita
- ☑ Treine com exercícios de escrita e testes rápidos

한국어를 배우다 입문서

POLYSCHOLAR

www.polyscholar.com

# ÍNDICE

*Dica:* Para este livro, o mais indicado é usar canetas de gel, lápis, canetas esferográficas e materiais semelhantes. Tenha cuidado ao usar marcadores e tinta, pois materiais pesados ou úmidos podem resultar em manchas no papel ou passar para as páginas seguintes. Aqui estão algumas caixas de teste para verificar se suas canetas são adequadas:

## COMO USAR ESTE LIVRO

Uma das maneiras mais rápidas de aprender e entender qualquer novo idioma estrangeiro é a repetição. Ao progredir neste livro, você encontrará espaços na página para praticar o que aprendeu, com uma série de exercícios de escrita e um teste rápido no final de cada seção.

Mais adiante no livro, teremos exercícios de escrita mais avançados e algumas palavras úteis para desenvolver ainda mais seu novo conhecimento de Hangul. Este livro foi desenvolvido para ser (rabiscado) escrito, mas sinta-se à vontade para tirar cópias das páginas (para uso pessoal) se preferir trabalhar em sua escrita separadamente.

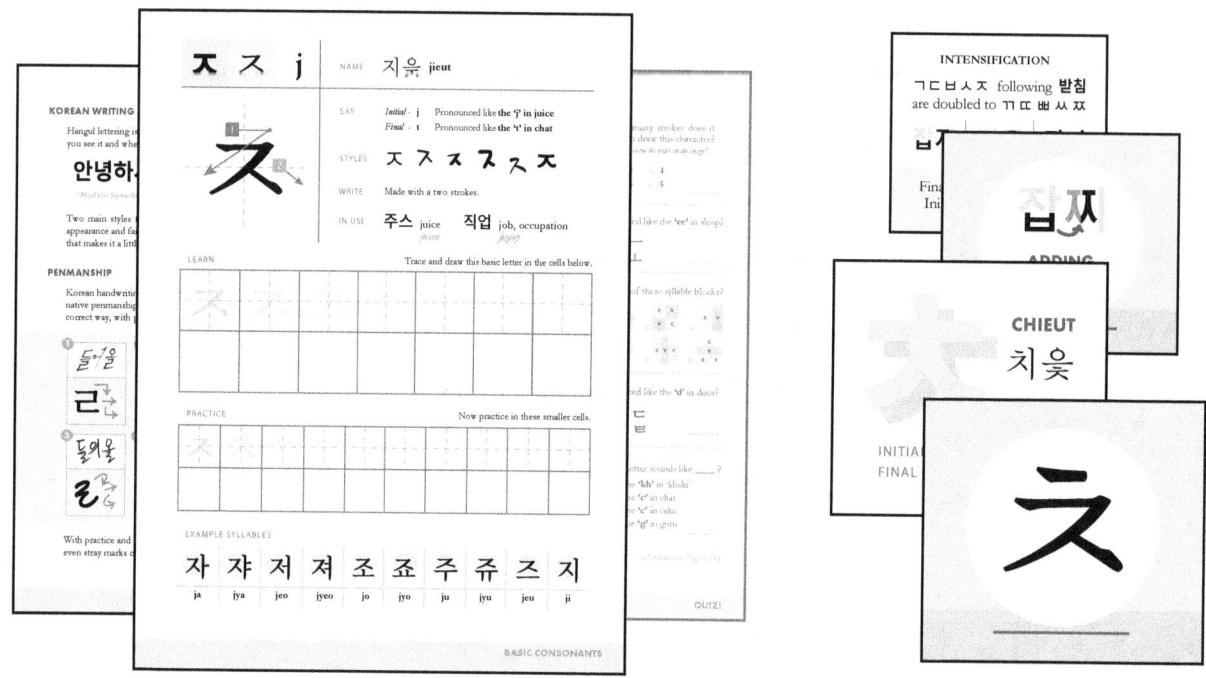

**APRENDA, MEMORIZE E PRATIQUE SEU HANGUL**  **PÁGINAS COM FLASH CARDS INCLUÍDAS**

Incluímos páginas extras com papel quadriculado para prática que você pode usar depois de aprender a desenhar os caracteres do Hangul, formar sílabas e escrever palavras! Novamente, você pode fazer cópias destas páginas para praticar ainda mais.

A parte final deste livro de exercícios contém um conjunto de páginas no estilo flash card que podem ser copiadas ou recortadas. Esta é uma ótima maneira de te ajudar a memorizar os símbolos e testar seus conhecimentos. *Os alunos infantis devem procurar a ajuda de um adulto para recortá-las!*

## INTRODUÇÃO

Aprender a ler, escrever e falar coreano pode parecer uma tarefa extremamente difícil, mas tivemos o cuidado de criar um livro de exercícios que deixará esta empreitada **mais fácil e rápida!**

O primeiro obstáculo para aprender coreano, principalmente para os falantes de português: o alfabeto coreano, conhecido como **Hangul**. Você sem dúvida já viu que este alfabeto consiste em letras que parecem totalmente estranhas quando comparadas aos alfabetos ocidentais. Ou seja, ao aprender coreano não apenas aprendemos um novo idioma, mas também uma forma de escrita completamente nova!

Em pouco tempo, você verá que o sistema da língua coreana é muito mais fácil de aprender do que parece à primeira vista. Este livro vai te ensinar tudo sobre o alfabeto Hangul e, no final, você vai entender como ler, escrever e falar coreano! *Muito legal, não é?*

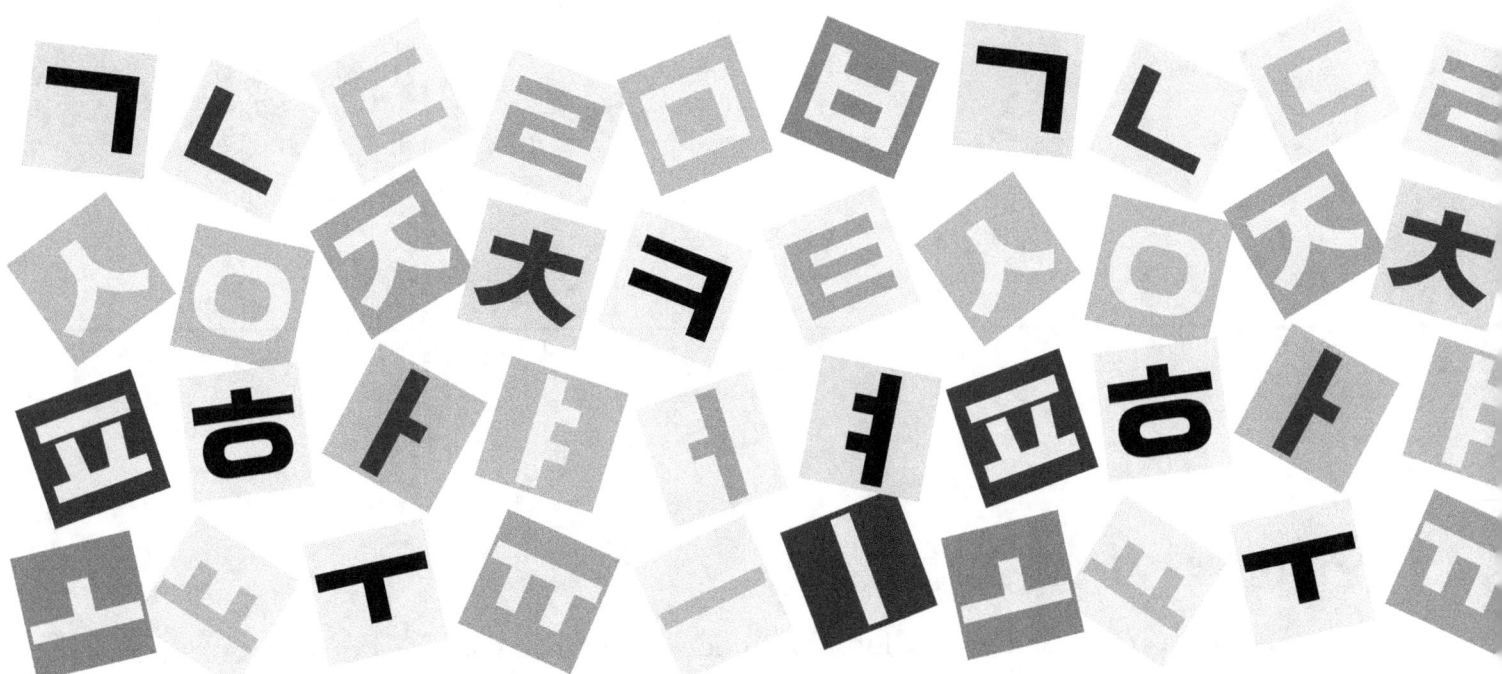

**Hangul** é o nome dado ao alfabeto e ao sistema de escrita usado em toda a Coreia. O nome é composto por duas palavras coreanas, **han** (한 ) e **geul** (글 ), traduzidas literalmente como **'ótima escrita'**. Han pode se referir à Coreia como um todo, por isso também é traduzido como 'Escrita Coreana'. Hangul é feito com **consoantes e vogais;** apenas as letras parecem diferentes!

## UMA BREVE HISTÓRIA

**Até meados de 1400**, os coreanos escreviam usando uma mistura de chinês e escrita antiga nativa, que era baseada na fonética. Havia (*e ainda há*) um grande número de caracteres chineses únicos que dificultavam a memorização e o uso do idioma. Também se era necessário adquirir um nível de educação disponível apenas para as classes ricas e altas, o que significa que mesmo a alfabetização básica estava além das classes mais pobres e menos privilegiadas.

Para promover e encorajar a alfabetização em uma escala muito maior, o **Rei Sejong, o Grande**, assumiu a responsabilidade de desenvolver um sistema de linguagem novo e único que fosse simples, lógico e fácil de aprender...

**...o alfabeto Hangul que usamos hoje!**

## APRENDENDO COREANO

Ao começar a aprender coreano, você pode se sentir tentado(a) a procurar palavras ou frases para cenários específicos e tentar memorizar como elas soam. Embora isso possa funcionar no curto prazo, mais cedo ou mais tarde, você precisará ler e escrever usando a escrita nativa - e praticamente começar do zero novamente. *Simplesmente não há como escapar disso!*

Portanto, é essencial começar dominando primeiro o alfabeto coreano. Se começar simplesmente aprendendo cada uma das letras do Hangul em vez de palavras ou frases únicas, você descobrirá que pode entender tudo em coreano com facilidade e muito mais rápido!

## HANGUL É FÁCIL!

Ao contrário de chinês ou japonês, que são formados por *milhares* de caracteres Kanjis únicos e complexos, o idioma coreano é muito mais simples:

| 蔵 儀 遵 帰 | 한글 (ㅎㅏㄴㄱㅇㅡㄹ) |
|---|---|
| *Os símbolos Kanjis expressam palavras inteiras ou partes maiores de um significado, por isso precisam ser memorizados.* | *O coreano tem um alfabeto simplificado que é muito mais fácil de aprender — nós lemos, escrevemos e falamos letra por letra!* |

Alguns Kanjis chineses comuns podem exigir até 15 marcas separadas para serem escritos, enquanto outros símbolos menos comuns levam de 20 a 84 traços para serem escritos! A boa notícia é que mesmo as letras do Hangul mais complexas são desenhadas com apenas cinco traços.

## ROMANIZAÇÃO

As letras e palavras estrangeiras que queremos aprender devem ser mostradas primeiro com *romanização* - é aqui que o nosso já conhecido sistema de letras baseado no latim é usado para transmitir os sons que cada caractere representa. Muitas vezes não existem letras equivalentes para os sons exatos, por isso está longe de ser o ideal. Vamos trabalhar para memorizar o Hangul rapidamente para que você possa evitar a tradução *romanizada* o quanto antes - *o trabalho duro valerá a pena, acredite em mim!*

É importante notar que existem várias versões diferentes de romanização, cada uma usando letras ligeiramente diferentes. A única representação precisa dos sons é o próprio alfabeto Hangul, e não existe uma maneira perfeita de mostrar o coreano em português.

## PRONÚNCIA

Aprender a pronunciar bem o coreano começa quando se aprende o Hangul. É uma boa prática falar palavras e letras em voz alta enquanto as aprende. Somente a prática te ajudará a desenvolver um sotaque natural e nativo, e isso leva tempo. Aconselhamos começar a assistir e ouvir programas de TV coreanos com legendas em Hangul assim que você dominar o alfabeto.

*Nota: este livro de exercícios inclui introduções básicas à pronúncia, mas ela é inevitavelmente aprendida de forma mais eficaz através de áudios. As páginas de prática exibem equivalentes próximos em português usando palavras com sons semelhantes.*

## PRIMEIROS PASSOS

O alfabeto **Hangul** consiste em apenas **24 letras básicas** que combinamos para criar todos os símbolos e caracteres necessários para as palavras coreanas. Existem apenas **14 consoantes básicas e 10 vogais básicas** para aprender, então **vamos começar!**

## CONSOANTES BÁSICAS

O desenho das consoantes do Hangul básicas foi baseado nas formas feitas com a boca, língua, garganta e lábios quando são articuladas e ditas em voz alta:

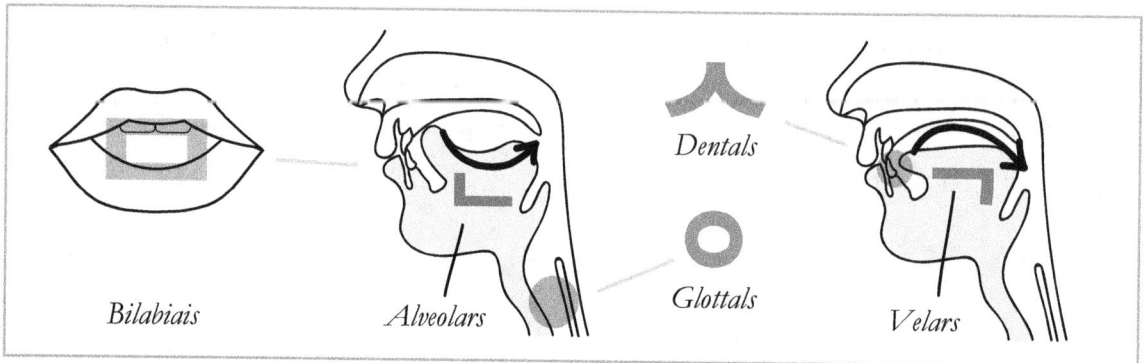

Uma vez determinadas as cinco formas iniciais, letras consoantes adicionais foram criadas adicionando linhas extras a essas primeiras letras. O alfabeto geralmente é exibido em uma ordem alfabética - como isso não é importante aprender agora, **agruparemos e organizaremos as letras por formato** para tornar seu aprendizado um pouco **mais eficiente:**

| Hangul | ㄱ | ㅋ | ㄴ | ㄷ | ㅌ | ㅁ | ㄹ |
|---|---|---|---|---|---|---|---|
| Romanização | g/k | k | n | d/t | t | m | r/l |

| Hangul | ㅂ | ㅍ | ㅅ | ㅈ | ㅊ | ㅇ | ㅎ |
|---|---|---|---|---|---|---|---|
| Romanização | b/p | p | s | j/ch | ch | -/ng | h |

*Nota: Hangul possui pronúncias que as letras romanas não conseguem representar com precisão, com sons que mudam dependendo do uso.*

## VOGAIS BÁSICAS

As vogais básicas foram desenhadas usando formas que representavam a Terra (*Yin*), o Céu (*Yang*) e a Humanidade (*sendo o Humano o Mediador entre os dois primeiros*).

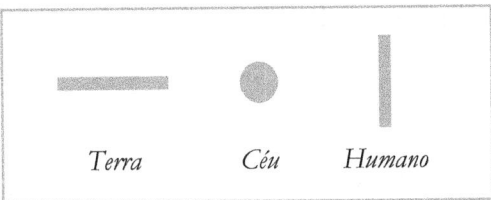

Terra     Céu     Humano

No Hangul moderno, o ponto que representa os céus (*mostrado como o sol ou uma estrela*) está unido às outras formas e foi essencialmente *substituído* por uma linha curta.

Os nomes das vogais são como os sons que elas representam. Você perceberá que algumas vogais possuem um formato '**vertical**' mais alto (*veja a tabela abaixo*) e os outros caracteres possuem um formato mais plano e uma orientação '**horizontal**':

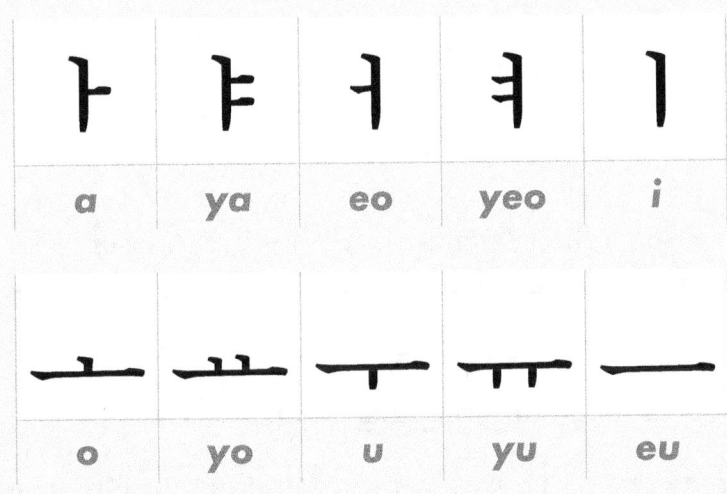

| a | ya | eo | yeo | i |
|---|----|----|-----|---|
| o | yo | u | yu | eu |

Essas vogais '*verticais*' são colocadas diretamente ao lado direito de qualquer consoante que as preceda.

Já as vogais '*horizontais*' são colocadas diretamente abaixo de uma consoante que as preceda.

Vogais e consoantes não representam nada por si só - elas sempre são combinadas com pelo menos uma das outras. Duas ou mais letras são usadas para criar sílabas e sons reais. Por exemplo, a letra ㄱ não tem significado por si só, mas adicione a vogal ㅏ e ela se tornará 가.

*(ou 'ga' se a romanizarmos - soando como 'gah')*

ㄱ + ㅏ = 가

ㅂ + ㅛ = 뵤

*No mínimo, 1 consoante + 1 vogal = 1 sílaba*

## BLOCOS SILÁBICOS

As palavras coreanas são escritas e exibidas em uma série de 'blocos' - cada um desses blocos conterá uma sílaba, assim como os exemplos no final da página anterior, e cada um deles representa um som. Estes **blocos silábicos** são *construídos* usando as letras do Hangul individuais encontradas antes - vejamos um exemplo abaixo:

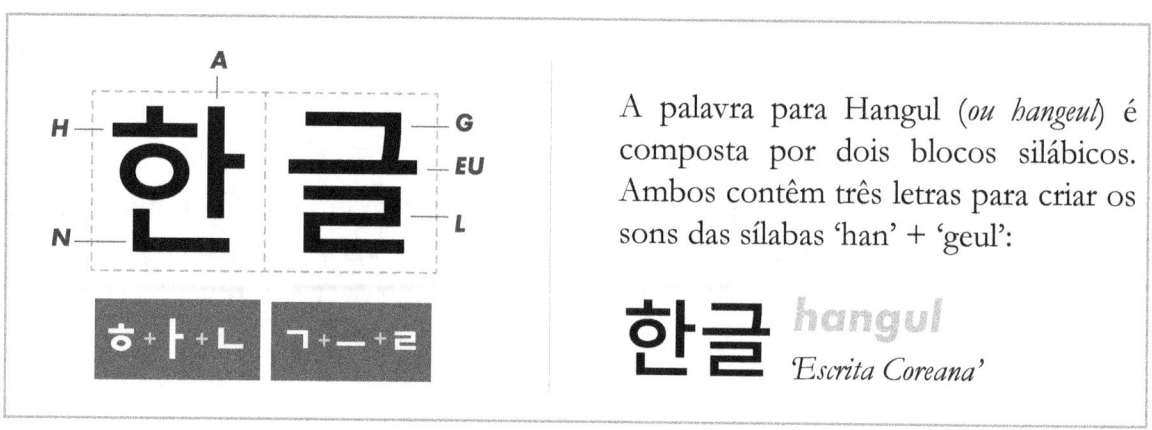

A palavra para Hangul (*ou hangeul*) é composta por dois blocos silábicos. Ambos contêm três letras para criar os sons das sílabas 'han' + 'geul':

한글 *hangul*
'Escrita Coreana'

## ALGUMAS REGRAS SIMPLES

Depois de aprender todas as letras e lembrar apenas de algumas regras simples sobre como usá-las em blocos, você poderá praticamente ler e escrever em coreano! *Parece quase fácil demais, não é mesmo?*

1. Os blocos silábicos **sempre** possuem no **mínimo duas letras.**

2. Cada sílaba **começa com uma consoante** que é **sempre seguida por uma vogal.**

3. Cada sílaba é **escrita em seu próprio bloco quadrado.**

4. As letras são *comprimidas* ou *esticadas* para ocupar uma **quantidade de espaço semelhante** às demais.

Em teoria, existem milhares de sílabas possíveis, mas *não deixe que isso te preocupe.* É improvável que você encontre alguma com mais de quatro letras e, simplesmente aprendendo as letras primeiro, você será capaz de compreender cada uma delas com facilidade. Foi dessa maneira que você aprendeu a ler e escrever em seu próprio idioma - aprendendo o alfabeto e como as letras são combinadas e interagem para formar sílabas e sons.

# A CONSTRUÇÃO DE SÍLABAS

O layout de um bloco silábico é determinado pela forma da vogal e pelo número de letras dentro dele. Você se lembra de como as vogais possuem formas verticais ou **horizontais**? Escrevendo da esquerda para a direita, e de cima para baixo, as sílabas começam com uma **consoante inicial** na metade esquerda (*para vogais verticais*) ou na metade de cima (*para vogais horizontais*).

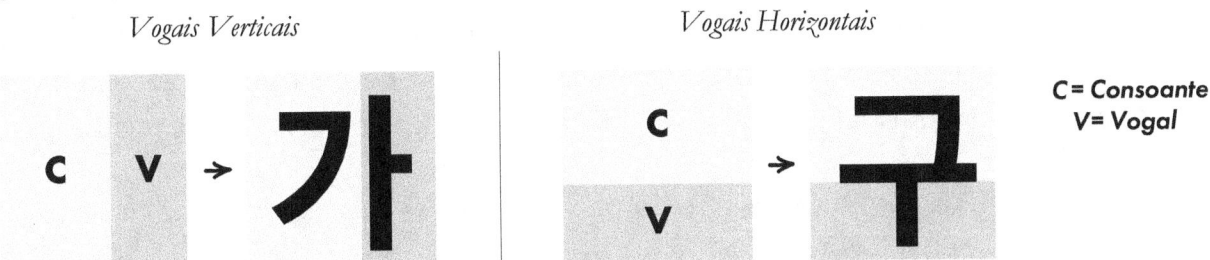

Quando uma terceira e quarta letras são adicionadas à sílaba, elas são colocadas diretamente abaixo das duas primeiras, novamente da esquerda para a direita. Aqui estão mais alguns exemplos:

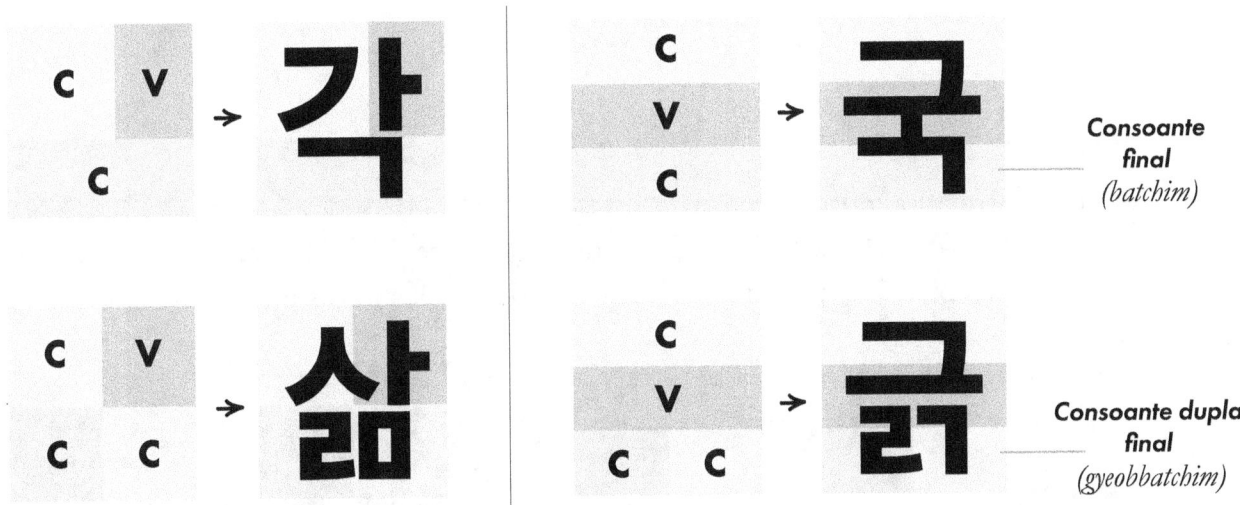

As consoantes na parte inferior de uma sílaba são chamadas **batchim** 받침 ou '*consoantes finais*'. Elas ficam mais fáceis de entender quando você progredir no coreano, por isso vamos manter esta fase simples.

Essencialmente, **batchim** 받침 (*que significa literalmente 'suporte'*) é uma característica gramatical exclusiva do coreano, onde as consoantes na parte inferior de uma sílaba carregam uma pronúncia diferente. As vogais nunca são **batchim**, portanto, as pronúncias que você aprenderá não serão afetadas aqui!

## REGRA VOGAL IMPORTANTE

Aprendemos que cada sílaba começa com uma consoante e tem no mínimo duas letras - *mas e se um bloco começar com um som de vogal?* Isso acontece com bastante frequência com 한글 e existe **uma regra fundamental, mas fácil de aprender** para resolver este problema. Embora nenhuma das letras seja usada isoladamente, esta regra é essencial para vogais:

Quando as sílabas começam com uma vogal, usamos a consoante ㅇ como uma consoante silenciosa. No início de uma sílaba e como **consoante inicial**, ela não possui som. Esta é uma regra fácil de memorizar - **as vogais nunca são escritas sozinhas!**

Aqui está um exemplo de palavra - a palavra coreana para jacaré - que mostra esta regra em ação:

악어 ag-eo 'jacaré'

## FORMAS DAS LETRAS

Algumas letras podem parecer um pouco diferentes dependendo de onde se encontram no bloco silábico. O exemplo mais comum é a letra ㄱ (*chamada giyeok*), que é esticada, esmagada e espremida com frequência - o formato das letras é determinado por todas as outras letras da sílaba:

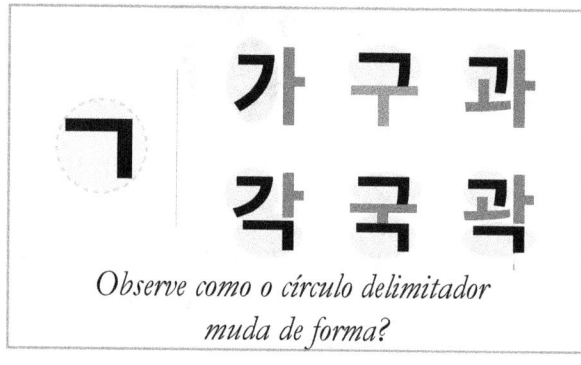

*Observe como o círculo delimitador muda de forma?*

Não existem regras rígidas para o formato das letras e as aparências variam até mesmo entre os estilos de caligrafia. O importante a se lembrar é que as letras são desenhadas com o mesmo número de traços, na mesma ordem e possuem a mesma forma geral.

As mesmas alterações de forma ocorrem independentemente da fonte ou do estilo de escrita, por exemplo: ㄱ+이 = **기** 기 e 기

*(algumas das outras letras com estilos gráficos alternativos incluem:* ㅈ, ㅊ, ㅉ, ㄹ *and* ㅎ*)*

## LEITURA E ESCRITA

O coreano já foi escrito no estilo vertical, como outras línguas da Ásia, como o chinês ou o japonês, mas essa prática tende a ser limitada a documentos mais antigos e tradicionais. Se você encontrar uma escrita vertical, é provável que seja uma escolha de design, como em sinalizações - assim como é possível ver alguns textos no ocidente escritos na vertical. A maior parte do texto coreano é escrito horizontalmente nos dias de hoje.

Conforme aprendemos ao observar as sílabas, escrevemos letra por letra, um bloco de cada vez - começando no canto superior esquerdo e continuando em direção ao canto inferior direito. As palavras também são separadas por um espaço - *muito fácil, não?*

Faz sentido, portanto, que também leiamos da esquerda para a direita e de cima para baixo, nos movendo através de blocos e palavras e pronunciando cada letra na nossa cabeça. Com prática, isso se tornará cada vez mais rápido e fácil. Ao chegar ao final de uma sílaba, alguns sons começam naturalmente a se fundir com o início de quaisquer sílabas seguintes. Então, dessa maneira, quando menos esperar, você terá aprendido a ler textos em coreano e como pronunciá-los!

## ORDEM DOS TRAÇOS

Letras e sílabas individuais do Hangul são escritas de uma forma muito específica e passo a passo, que é fácil de entender. As linhas são desenhadas individualmente, sempre do canto superior esquerdo para o canto inferior direito:

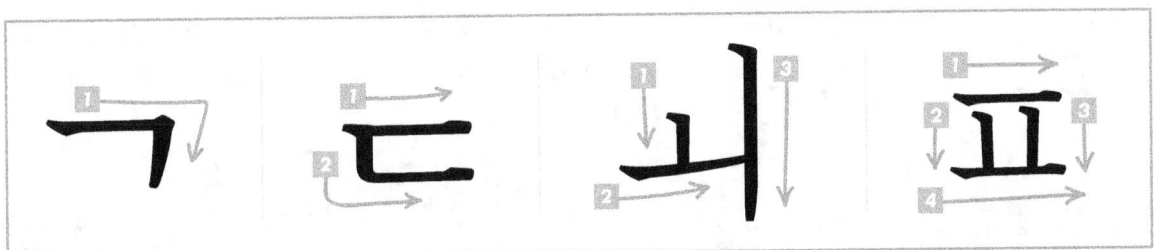

Aprender a ordem correta dos traços é essencial para uma escrita precisa em coreano e que possa ser lida facilmente - sem a ordem correta dos traços, sua escrita pode ser totalmente mal interpretada. **É muito mais fácil aprender a ordem correta dos traços no início, em vez de corrigi-la depois!**

Originalmente desenhados com pincéis e tinta tradicionais, cada traço foi intencional, criando formas equilibradas e escrita altamente legível. *É também uma forma de escrever muito prática que garantia que você não borrasse o texto e sujasse as mãos de tinta!*

## FONTES E APARÊNCIA

As letras do Hangul são frequentemente exibidas com aparências diferentes, dependendo de onde você as vê e se foram desenhadas à mão, impressas ou exibidas em formato digital.

안녕하세요

*'Estilo moderno sem serifa'*

안녕하세요

*'Estilo tradicional com serifa'*

Neste livro, usamos dois estilos principais; um *'estilo sem serifa'* moderno de aparência quadrada e comum; e um *'estilo com serifa'* mais tradicional com uma aparência que torna um pouco mais fácil ver a ordem dos traços das letras, como se fossem marcadas individualmente à mão.

## CALIGRAFIA

A caligrafia coreana não precisa ser perfeita - na verdade, você verá que a caligrafia nativa raramente é feita com caracteres perfeitamente formados! Se for escrita da maneira correta, com a ordem correta dos traços, a maior parte da escrita em Hangul pode ser compreendida.

Se você observar os quatro exemplos de caligrafia exibidos à esquerda, poderá ver que a mesma letra ㄹ é desenhada de forma diferente a cada vez: os exemplos subsequentes ficam menos nítidos, mas são todos reconhecíveis.

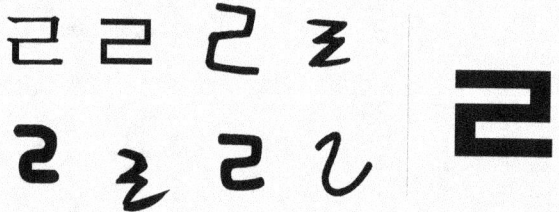

*As páginas de prática deste livro apresentam estilos alternativos para cada letra, com fontes manuscritas para serem usadas como referência.*

Com prática e experiência, você logo começará a perceber como uma caneta foi usada e que até mesmo marcas dispersas podem te ajudar a ler. *A verdadeira caligrafia coreana não consiste apenas em círculos e quadrados perfeitos!*

## SOBRE A PRONÚNCIA

Um dos aspectos mais confusos para iniciantes é a ênfase dada às letras com pronúncias diferentes. Alguns alfabetos Hangul são exibidos com mais de uma letra *romana* ao lado e geralmente sem nenhuma explicação real - *você notou isso na página 8?* Você aprenderá mais sobre a pronúncia coreana mais adiante no livro, mas, por enquanto, aqui está uma breve visão geral dos fundamentos para te ajudar a começar:

Diferentes **tipos de pronúncia** podem criar sons diferentes para a mesma letra - há alguns tipos que você deve conhecer em coreano - **simples, vocalizada, aspirada** ou **tensa:**

> A articulação **aspirada/não aspirada** diz respeito à quantidade de ar que é expelido da boca ao falar. Há mais força *com* a aspiração e a suprimimos para sons não aspirados. Coloque a mão na frente da boca e diga 'Pare' - você sentiu o ar batendo na sua mão vindo da letra 'p'?

> Sons **tensos** são versões mais explosivas ou fortes de sons aspirados.

> A pronúncia **vocalizada ou não vocalizada** depende se você ativa a área da garganta que vibra para afetar sua fala. Coloque um dedo logo acima da caixa vocal e faça um longo som de 'sss' seguido de um longo 'zzz' - *você sentiu a diferença?*

As letras em cada coluna da tabela (*abaixo*) são pronunciadas com força e tom crescentes - cada som se torna uma versão mais forte e mais aguda daquele do 'nível' anterior.

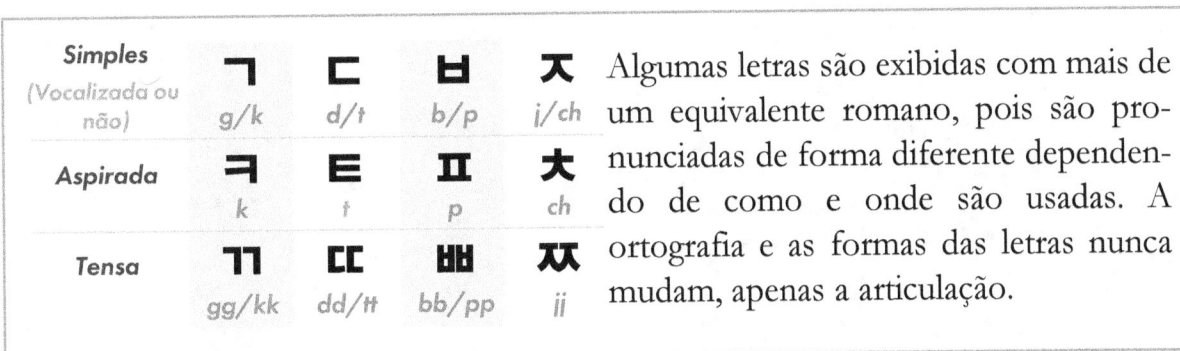

| Simples (Vocalizada ou não) | ㄱ g/k | ㄷ d/t | ㅂ b/p | ㅈ j/ch |
|---|---|---|---|---|
| Aspirada | ㅋ k | ㅌ t | ㅍ p | ㅊ ch |
| Tensa | ㄲ gg/kk | ㄸ dd/tt | ㅃ bb/pp | ㅉ jj |

Algumas letras são exibidas com mais de um equivalente romano, pois são pronunciadas de forma diferente dependendo de como e onde são usadas. A ortografia e as formas das letras nunca mudam, apenas a articulação.

Parte do problema enfrentado pelos estudantes é que a *romanização* simplesmente não é uma maneira precisa de transmitir os sons do Hangul. Muitas consoantes soam muito semelhantes umas às outras quando romanizadas, adicionando uma camada extra de dificuldade que não podemos evitar. Compreendemos melhor as distinções entre sons com o tempo e com mais exposição ao idioma. *Depois de aprender o Hangul, recomendamos que você escute bastante falas em coreano!*

Parte 2

# APRENDA O HANGUL BÁSICO

# ㄱ ㄱ g

**NOME** 기역 giyeok

**DIGA**
*Inicial* - **g**   Pronunciado como o '**g**' em gato
*Final* - **k**   Pronunciado como o '**k**' em ski

**ESTILOS** ㄱ ㄱ ㄱ ㄱ ㄱ ㄱ

**ESCRITA** Feito com um único traço.

**EM USO** 개 cachorro 가족 família
*gae* *gajok*

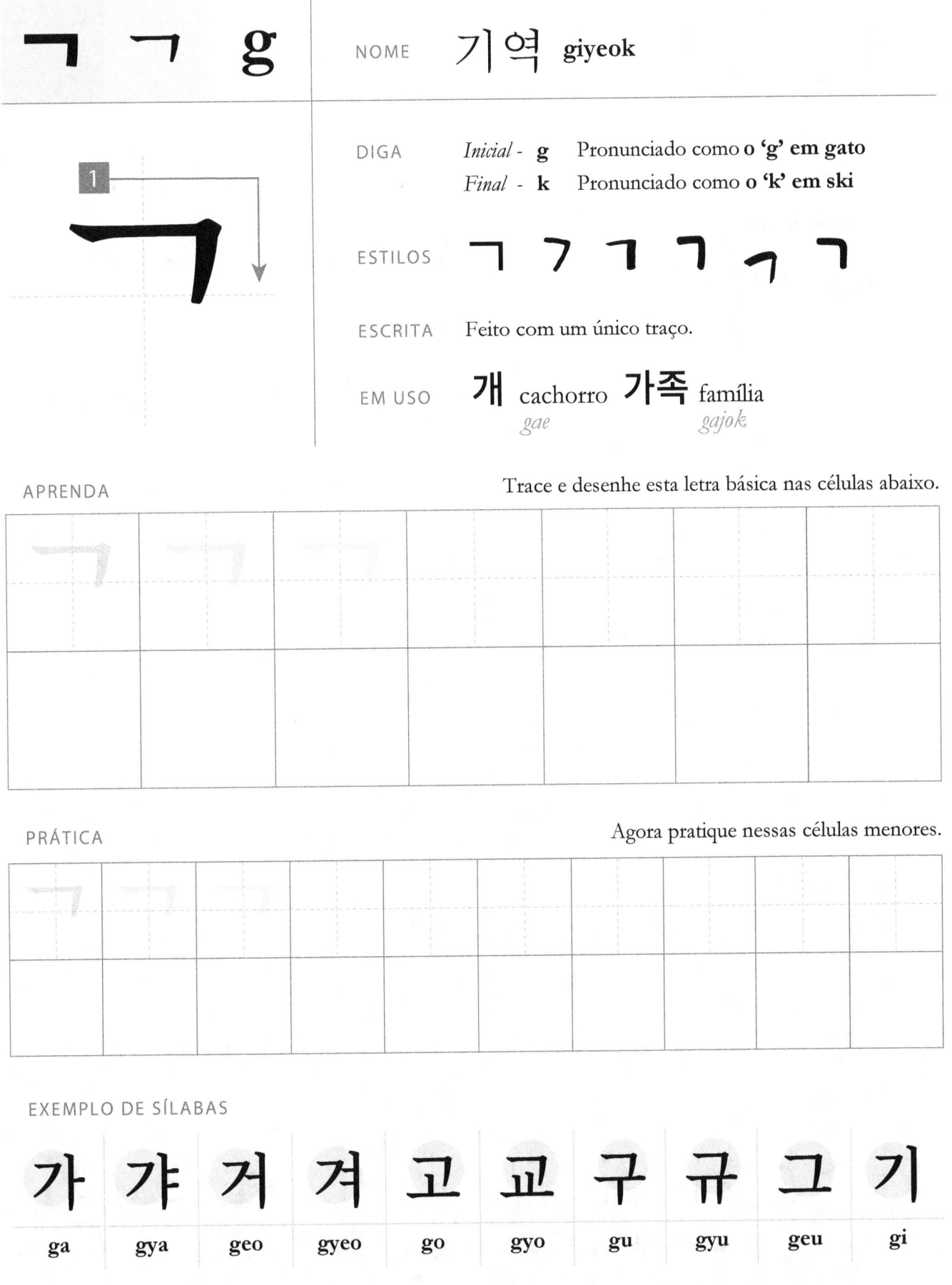

**APRENDA** Trace e desenhe esta letra básica nas células abaixo.

**PRÁTICA** Agora pratique nessas células menores.

**EXEMPLO DE SÍLABAS**

가 갸 거 겨 고 교 구 규 그 기

ga   gya   geo   gyeo   go   gyo   gu   gyu   geu   gi

ㅋ ㅋ k

| NOME | 키읔 kieuk |

**DIGA**
*Inicial* - **k**    Pronunciado como o **'k' em kit**
*Final* - **k**    Pronunciado como o **'k' em kit**

**ESTILOS**    ㅋ ㅋ ㅋ ㅋ ㅋ ㅋ

**ESCRITA**    Desenhado com dois traços.

**EM USO**    코 nariz    부엌 cozinha    컵 xícara
*ko*    *bueok*    *keob*

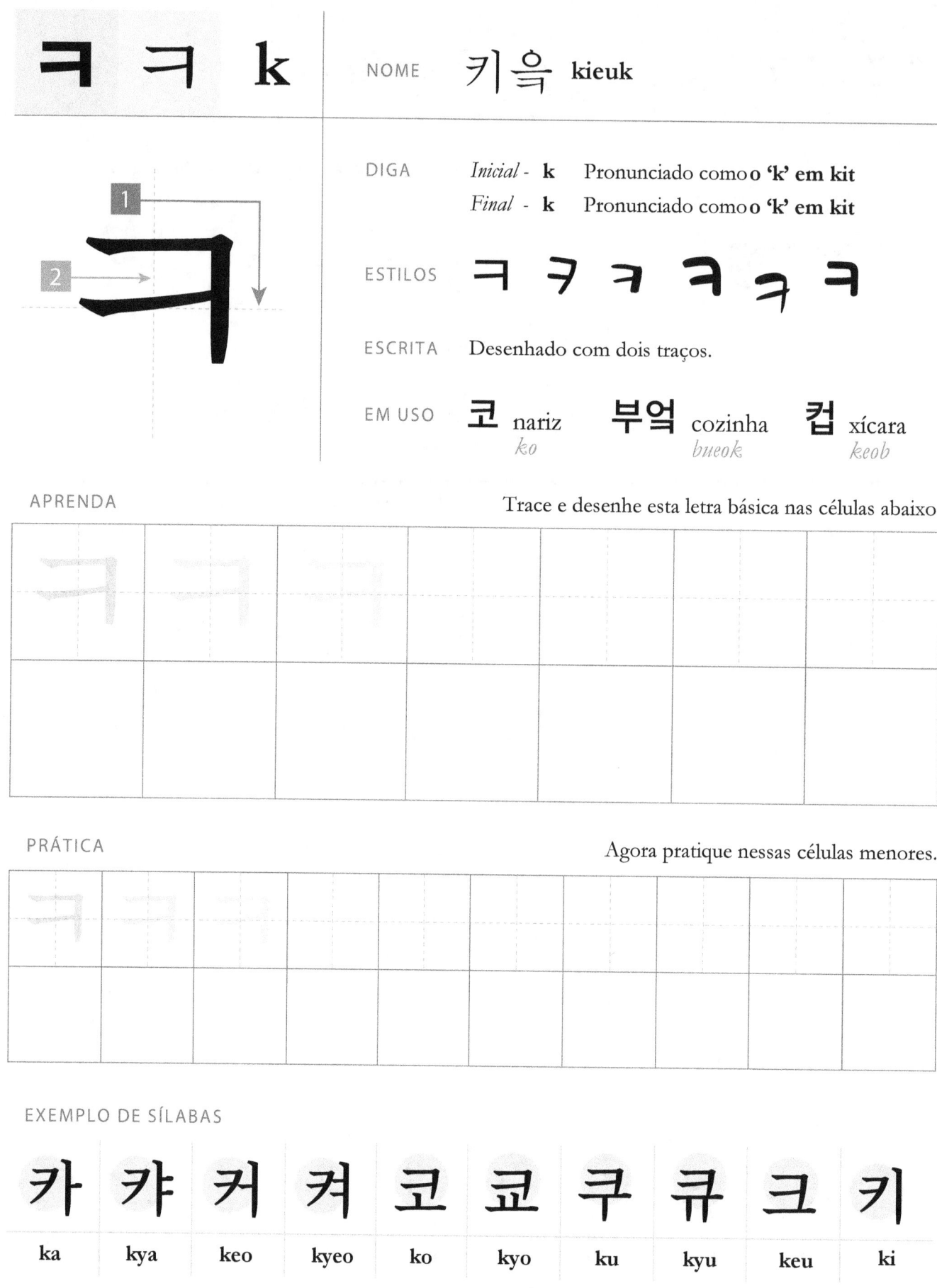

APRENDA                    Trace e desenhe esta letra básica nas células abaixo.

PRÁTICA                    Agora pratique nessas células menores.

EXEMPLO DE SÍLABAS

| 카 | 캬 | 커 | 켜 | 코 | 쿄 | 쿠 | 큐 | 크 | 키 |
|---|---|---|---|---|---|---|---|---|---|
| ka | kya | keo | kyeo | ko | kyo | ku | kyu | keu | ki |

ㄴ ㄴ n

**NOME** 니은 nieun

**DIGA**   *Inicial* - **n**   Pronunciado como o '**n**' em navio
         *Final* - **n**   Pronunciado como o '**nho**' em caminho, mas mais suave

**ESTILOS**   ㄴ ㄴ ㄴ ㄴ ㄴ ㄴ

**ESCRITA**   Feito com um único traço.

**EM USO**   안녕 hello (informal)      돈 dinheiro
           *annyeong*                *don*

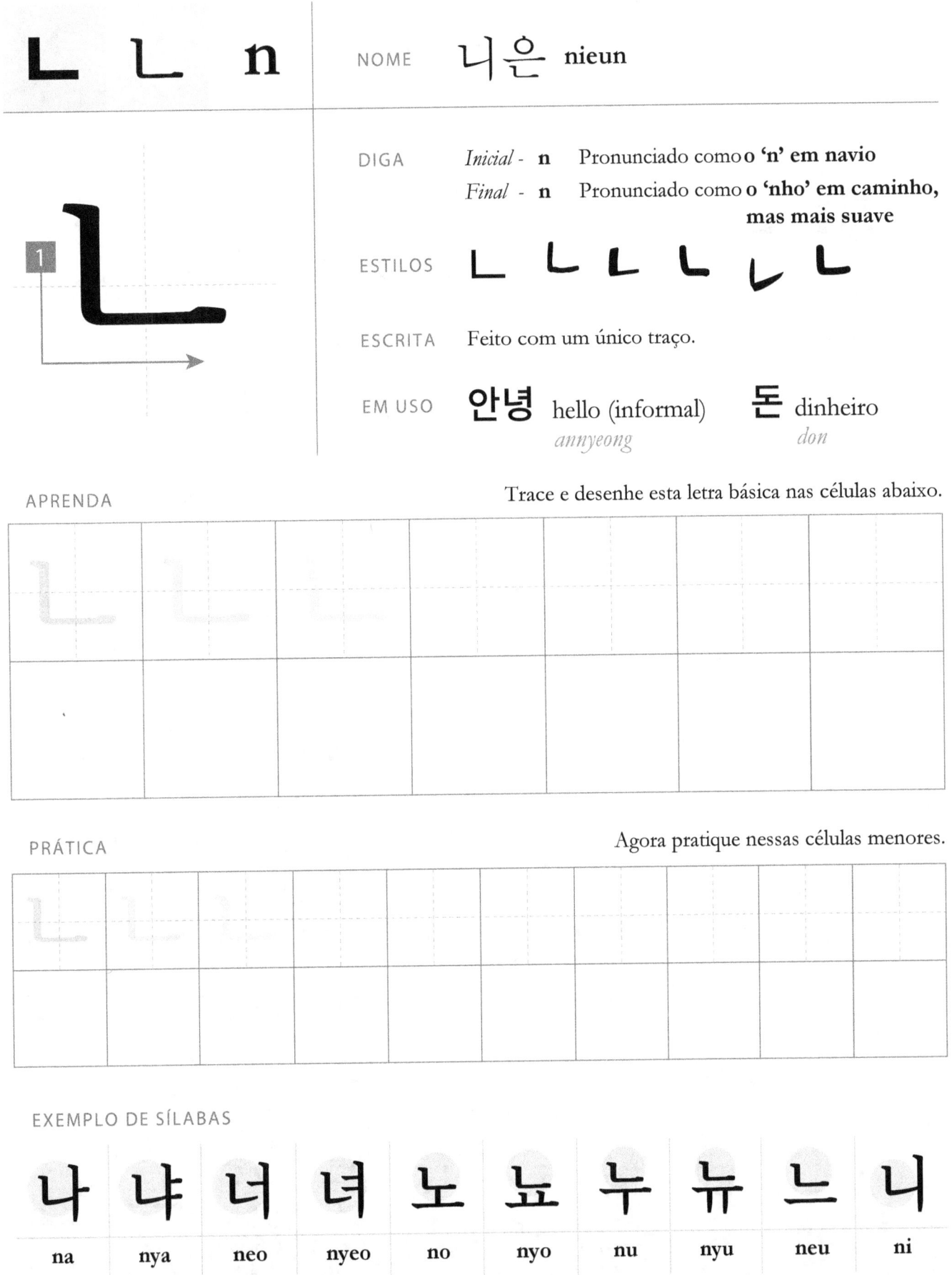

## APRENDA

Trace e desenhe esta letra básica nas células abaixo.

## PRÁTICA

Agora pratique nessas células menores.

## EXEMPLO DE SÍLABAS

| 나 | 냐 | 너 | 녀 | 노 | 뇨 | 누 | 뉴 | 느 | 니 |
|----|----|----|----|----|----|----|----|----|----|
| na | nya | neo | nyeo | no | nyo | nu | nyu | neu | ni |

# ㄷ ㄷ d

**NOME** 디귿 **digeut**

**DIGA**
*Inicial* - **d** Pronunciado como o '**d**' em **d**ado
*Final* - **t** Pronunciado como o '**to**' em adul**to**, mas mais suave

**ESTILOS** ㄷ ㄷ ㄷ ㄷ ㄷ

**ESCRITA** Feito com dois traços.

**EM USO** 구두 sapato   바다 mar, oceano
*kudu*                *bada*

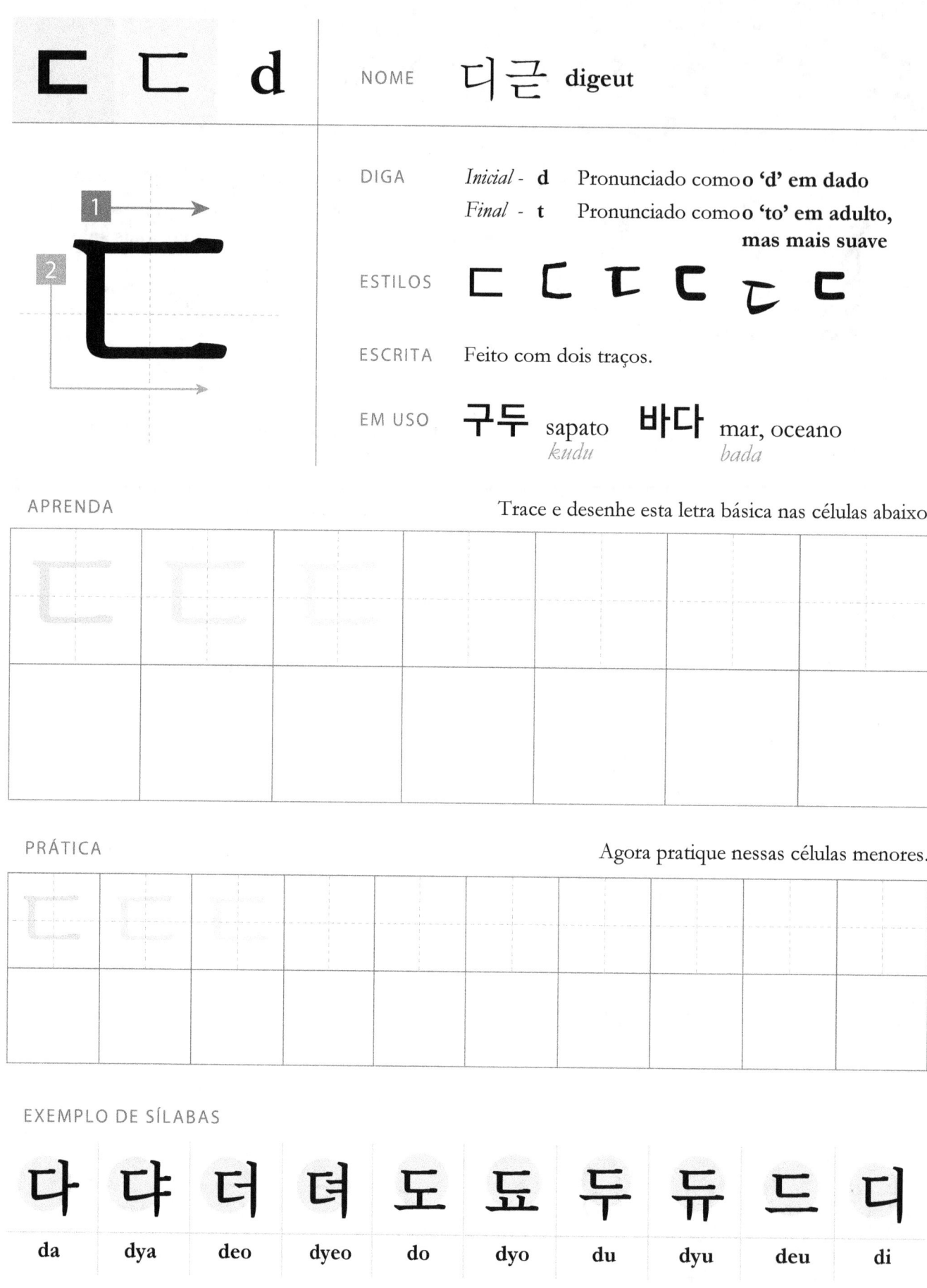

## APRENDA

Trace e desenhe esta letra básica nas células abaixo.

## PRÁTICA

Agora pratique nessas células menores.

## EXEMPLO DE SÍLABAS

| 다 | 댜 | 더 | 뎌 | 도 | 됴 | 두 | 듀 | 드 | 디 |
|----|----|----|----|----|----|----|----|----|----|
| da | dya | deo | dyeo | do | dyo | du | dyu | deu | di |

# ㅌ ㅌ t

| | |
|---|---|
| NOME | 티읕 **tieut** |

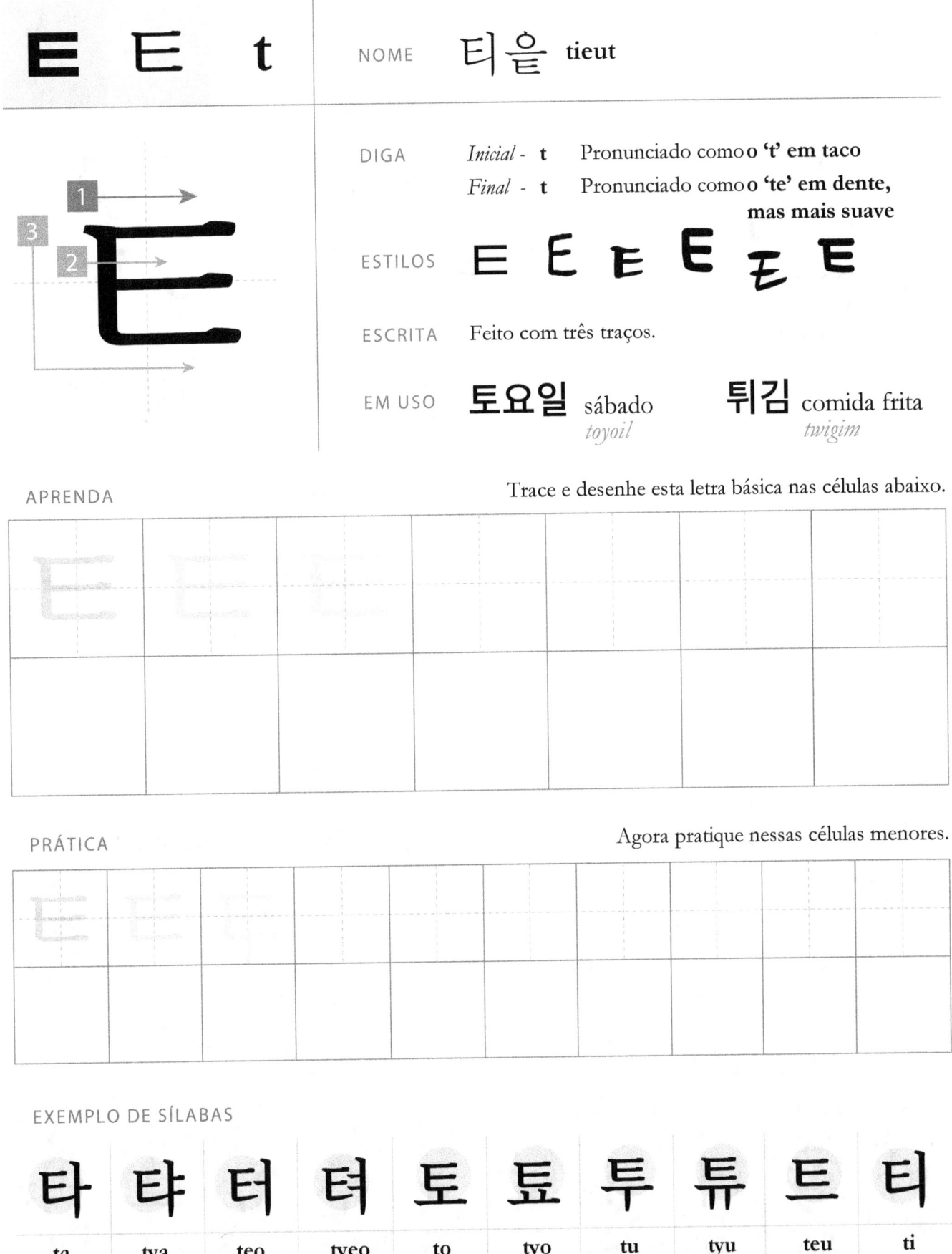

**DIGA**

*Inicial* - **t**   Pronunciado como o '**t**' em taco
*Final* - **t**   Pronunciado como o '**te**' em dente, **mas mais suave**

**ESTILOS**   ㅌ ㅌ ㅌ ㅌ ㅌ ㅌ

**ESCRITA**   Feito com três traços.

**EM USO**   **토요일** sábado     **튀김** comida frita
*toyoil*                *twigim*

## APRENDA

Trace e desenhe esta letra básica nas células abaixo.

## PRÁTICA

Agora pratique nessas células menores.

## EXEMPLO DE SÍLABAS

| 타 | 탸 | 터 | 텨 | 토 | 툐 | 투 | 튜 | 트 | 티 |
|---|---|---|---|---|---|---|---|---|---|
| ta | tya | teo | tyeo | to | tyo | tu | tyu | teu | ti |

# ㄹ ㄹ r/l

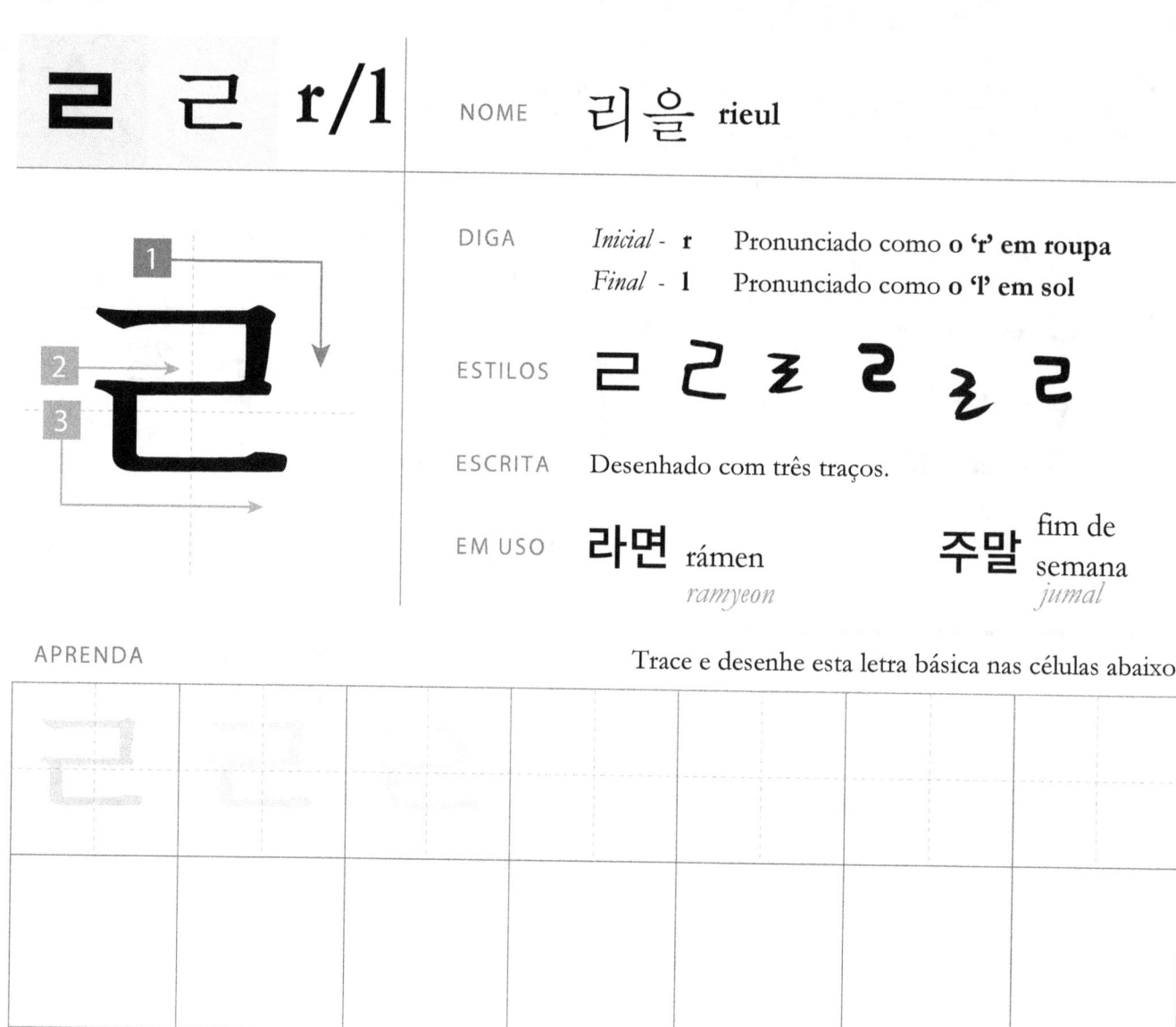

**NOME** 리을 rieul

**DIGA**
*Inicial* - **r**    Pronunciado como o '**r**' em **r**oupa
*Final* - **l**    Pronunciado como o '**l**' em so**l**

**ESTILOS** ㄹ ㄹ ㄹ ㄹ ㄹ ㄹ

**ESCRITA** Desenhado com três traços.

**EM USO**
라면 rámen *ramyeon*
주말 fim de semana *jumal*

## APRENDA

Trace e desenhe esta letra básica nas células abaixo.

## PRÁTICA

Agora pratique nessas células menores.

## EXEMPLO DE SÍLABAS

| 라 | 랴 | 러 | 려 | 로 | 료 | 루 | 류 | 르 | 리 |
|----|----|----|----|----|----|----|----|----|----|
| ra | rya | reo | ryeo | ro | ryo | ru | ryu | reu | ri |

□ □ m

NOME 미음 mieum

DIGA *Inicial* - **m** Pronunciado como o '**m**' em **mãe**
*Final* - **m** Pronunciado como o '**m**' em **som**

ESTILOS □ □ ㅁ ㅁ ㅁ □

ESCRITA Feito com três traços.

EM USO **뭐?** o que?   **아침** manhã, café da manhã
*mwo*   *achim*

APRENDA                          Trace e desenhe esta letra básica nas células abaixo.

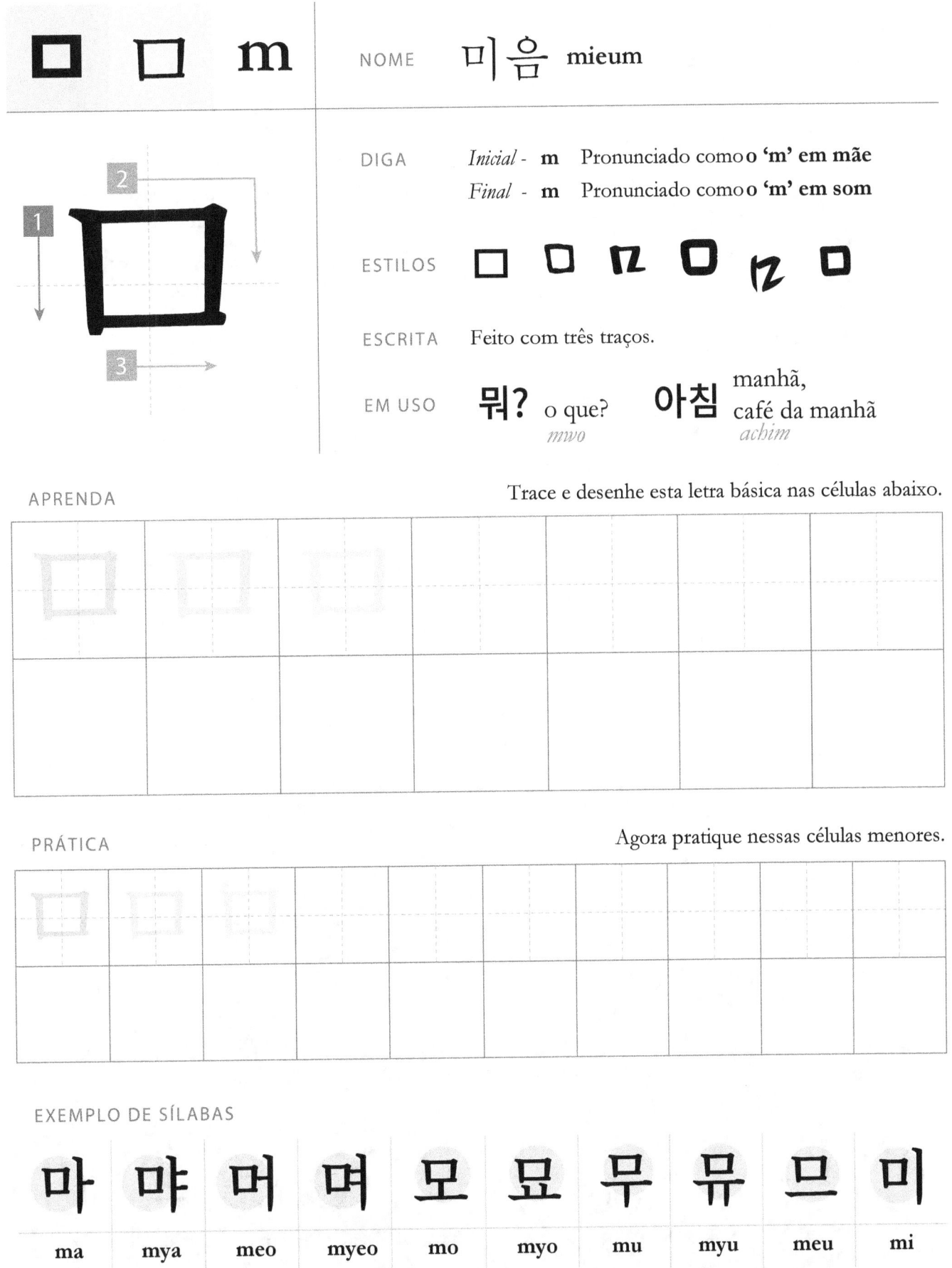

PRÁTICA                          Agora pratique nessas células menores.

EXEMPLO DE SÍLABAS

마 먀 머 며 모 묘 무 뮤 므 미

ma   mya   meo   myeo   mo   myo   mu   myu   meu   mi

# ㅂ ㅂ b

**NOME** 비읍 bieup

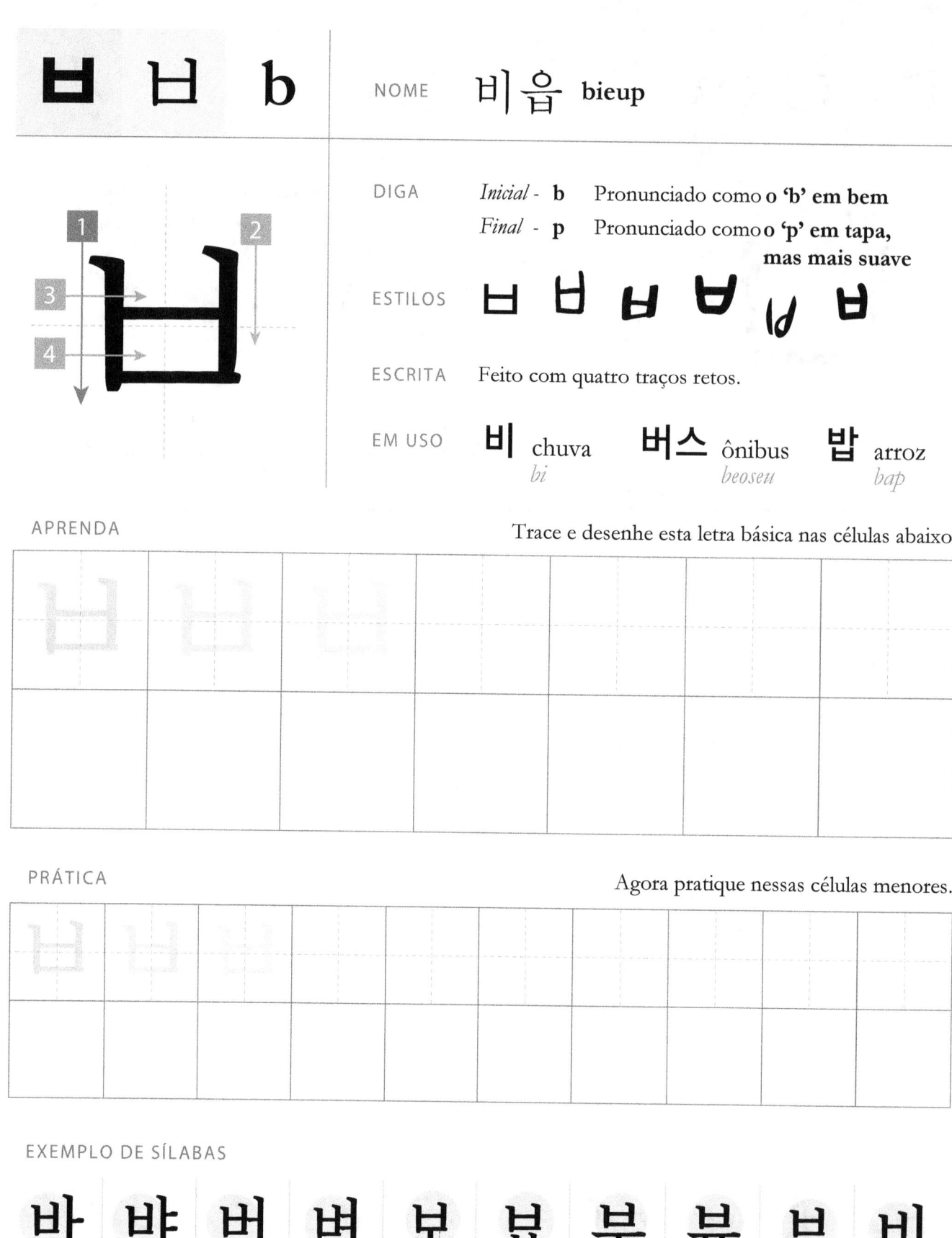

**DIGA**

*Inicial* - **b** Pronunciado como o 'b' em bem

*Final* - **p** Pronunciado como o 'p' em tapa, mas mais suave

**ESTILOS** ㅂ ㅂ ㅂ ㅂ ㅂ ㅂ

**ESCRITA** Feito com quatro traços retos.

**EM USO** 비 chuva  버스 ônibus  밥 arroz
*bi*  *beoseu*  *bap*

## APRENDA

Trace e desenhe esta letra básica nas células abaixo.

## PRÁTICA

Agora pratique nessas células menores.

## EXEMPLO DE SÍLABAS

| 바 | 뱌 | 버 | 벼 | 보 | 뵤 | 부 | 뷰 | 브 | 비 |
|----|----|----|----|----|----|----|----|----|----|
| ba | bya | beo | byeo | bo | byo | bu | byu | beu | bi |

# ㅍ ㅍ p

| NOME | 피읖 pieup |
|------|-----------|

**DIGA**

*Inicial* - **p**   Pronunciado como o '**p' em pizza**

*Final* - **p**   Pronunciado como o '**pi' em tupi,**
**mas mais suave**

**ESTILOS**   ㅍ ㅍ ㅍ **ㅍ** ㅍ ㅍ

**ESCRITA**   Desenhado com quatro traços.

**EM USO**   **파티** festa   **피자** pizza   **커피** café
*pati*      *pija*      *keopi*

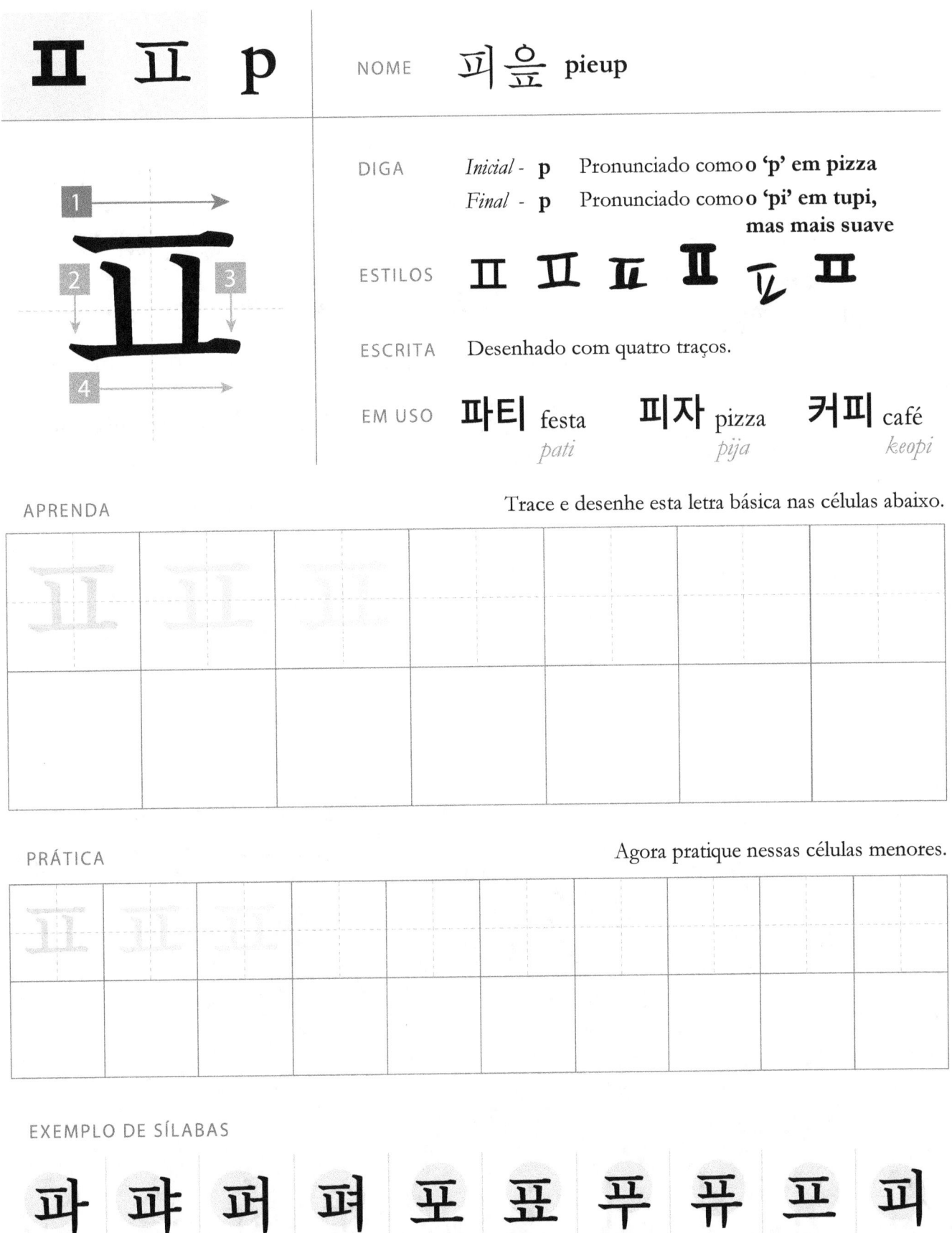

## APRENDA

Trace e desenhe esta letra básica nas células abaixo.

## PRÁTICA

Agora pratique nessas células menores.

## EXEMPLO DE SÍLABAS

| 파 | 파 | 퍼 | 펴 | 포 | 표 | 푸 | 퓨 | 프 | 피 |
|----|----|----|----|----|----|----|----|----|----|
| pa | pya | peo | pyeo | po | pyo | pu | pyu | peu | pi |

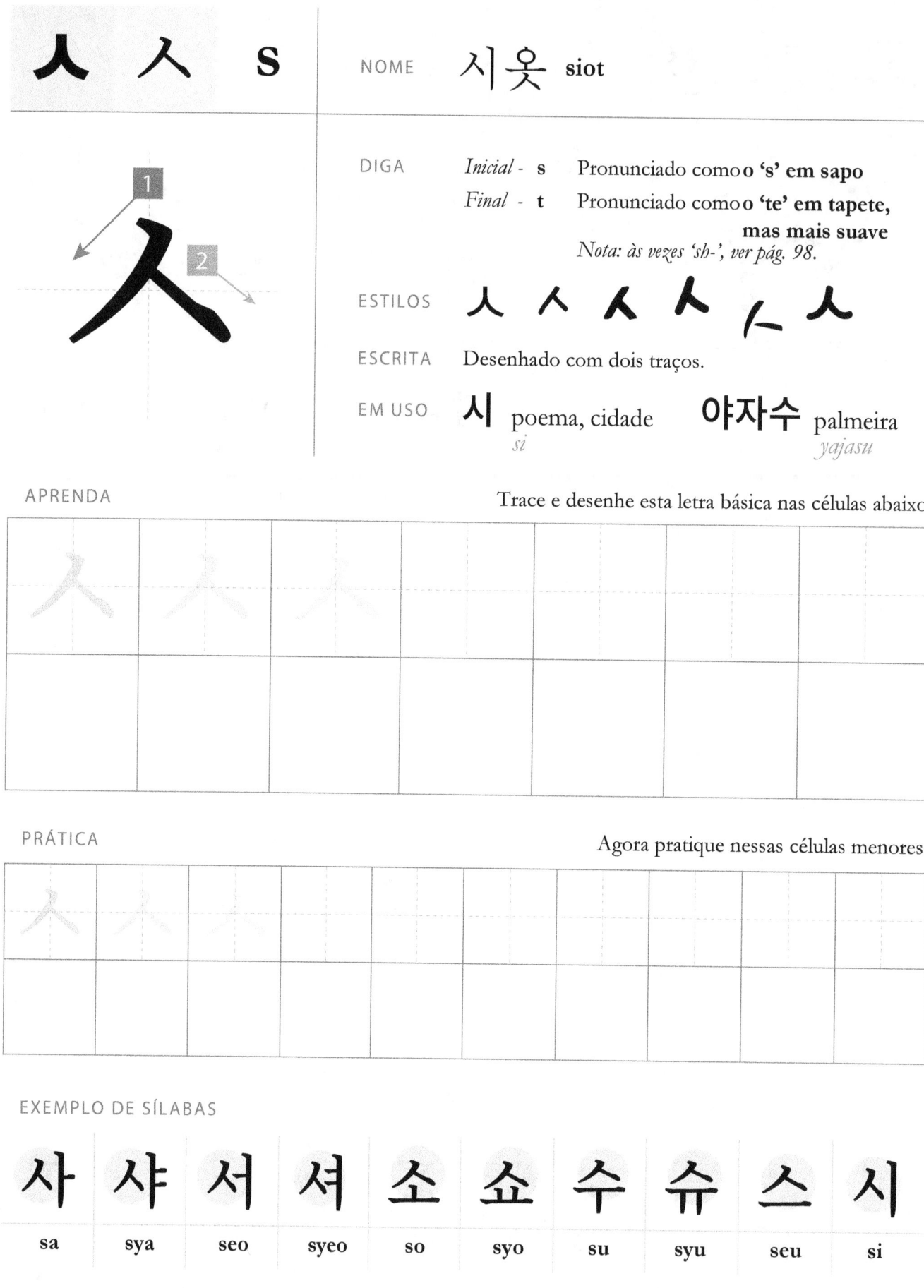

**ㅅ ㅅ s**

| | |
|---|---|
| NOME | 시옷 **siot** |

**DIGA** 
*Inicial* - **s**  Pronunciado como o **'s' em sapo**
*Final* - **t**  Pronunciado como o **'te' em tapete, mas mais suave**
*Nota: às vezes 'sh-', ver pág. 98.*

**ESTILOS** ㅅ ㅅ ㅅ ㅅ ㅅ ㅅ

**ESCRITA** Desenhado com dois traços.

**EM USO** 시 poema, cidade    야자수 palmeira
*si*    *yajasu*

**APRENDA**                    Trace e desenhe esta letra básica nas células abaixo.

**PRÁTICA**                         Agora pratique nessas células menores.

**EXEMPLO DE SÍLABAS**

| 사 | 샤 | 서 | 셔 | 소 | 쇼 | 수 | 슈 | 스 | 시 |
|---|---|---|---|---|---|---|---|---|---|
| sa | sya | seo | syeo | so | syo | su | syu | seu | si |

# ㅈ ㅈ j

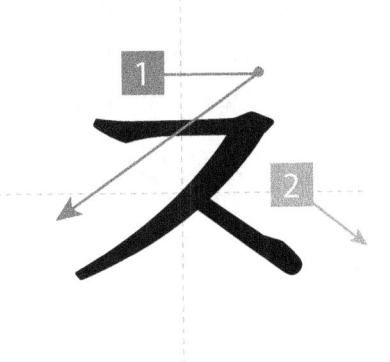

| | |
|---|---|
| NOME | 지읒 **jieut** |

**DIGA**

*Inicial* - **j**   Pronunciado como o 'j' em jogo

*Final* - **t**   Pronunciado como o 't' em chat, mas mais suave

**ESTILOS**   ㅈ ㅈ ㅈ ㅈ ㅈ ㅈ

**ESCRITA**   Feito com dois traços.

**EM USO**   **주스** suco     **직업** trabalho, ocupação

*juseu*          *jigeop*

## APRENDA

Trace e desenhe esta letra básica nas células abaixo.

## PRÁTICA

Agora pratique nessas células menores.

## EXEMPLO DE SÍLABAS

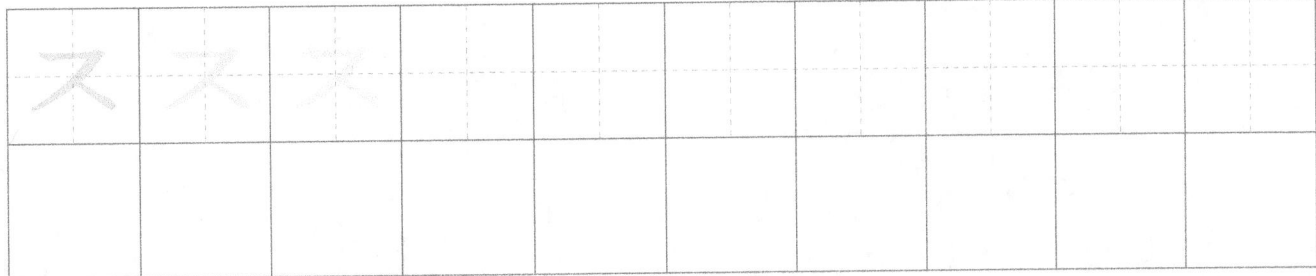

| 자 | 쟈 | 저 | 져 | 조 | 죠 | 주 | 쥬 | 즈 | 지 |
|---|---|---|---|---|---|---|---|---|---|
| ja | jya | jeo | jyeo | jo | jyo | ju | jyu | jeu | ji |

# ㅊ ㅊ ch

| NOME | 치읓 chieut |

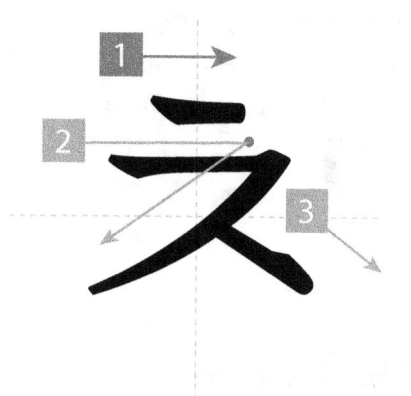

**DIGA**
*Inicial* - **ch** Pronunciado como o 'ch' em charme
*Final* - **t** Pronunciado como o 'ti' em jabuti, mas mais suave

**ESTILOS** ㅊ ㅊ ㅊ ㅊ ㅊ ㅊ

**ESCRITA** Desenhado com três traços.

**EM USO** 차 carro 부츠 botas
*cha* *bucheu*

## APRENDA

Trace e desenhe esta letra básica nas células abaixo.

## PRÁTICA

Agora pratique nessas células menores.

## EXEMPLO DE SÍLABAS

| 차 | 챠 | 처 | 쳐 | 초 | 쵸 | 추 | 츄 | 츠 | 치 |
|---|---|---|---|---|---|---|---|---|---|
| cha | chya | cheo | chyeo | cho | chyo | chu | chyu | cheu | chi |

# ○ ○   n/a

**NOME**   이응 **ieung**

**DIGA**
*Inicial* - **silencioso**
*Final* - **ng**   Pronunciado como o **'ng' em bang**

**ESTILOS**   ○ ○ ○ ◐ ∮ ○ ○

**ESCRITA**   Feito com um único traço circular.
*O 'nó' é onde o pincel entraria em contato pela primeira vez com o papel.*

**EM USO**   **가방** bolsa     **식당** restaurante, café
*gabang*           *sigdang*

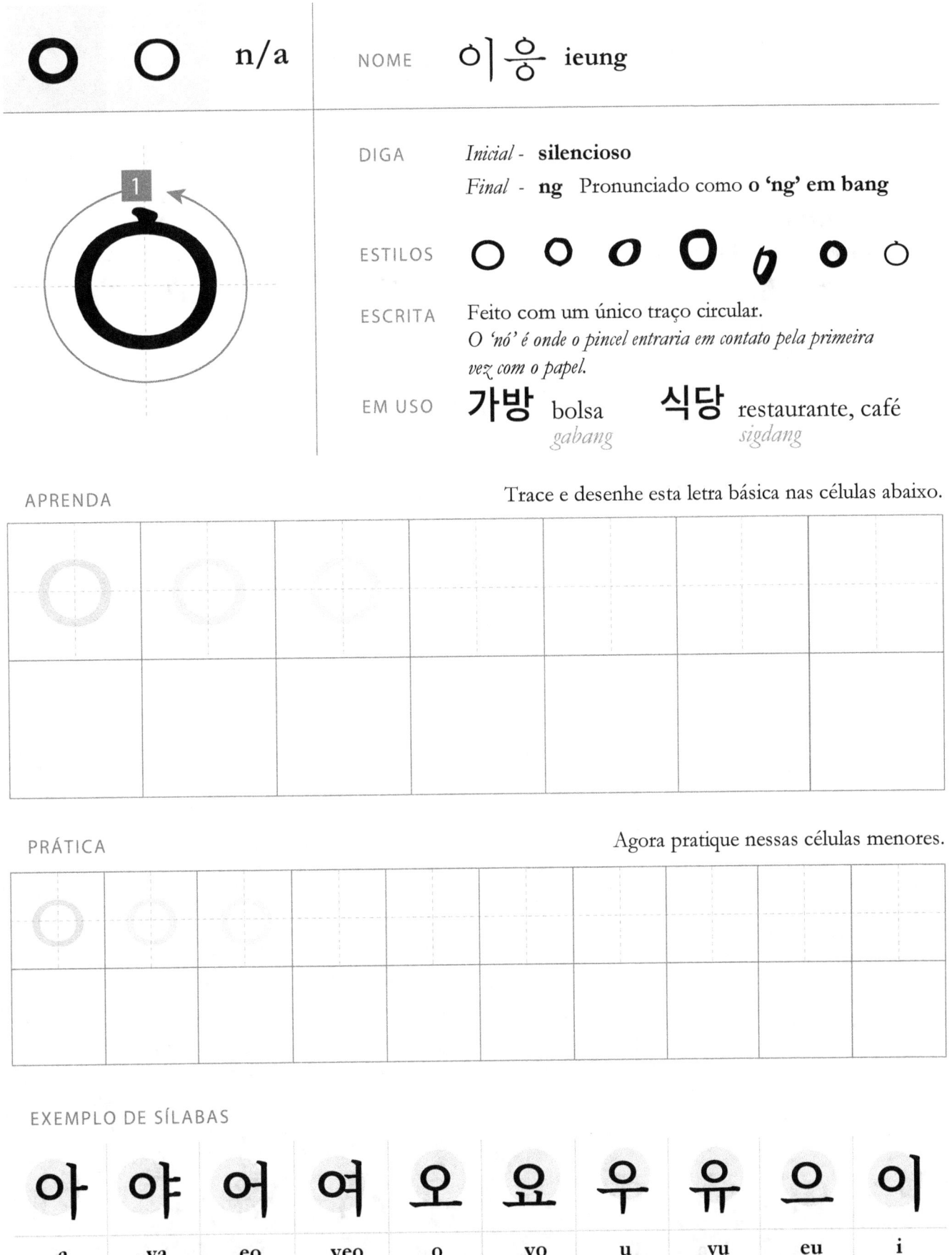

**APRENDA**       Trace e desenhe esta letra básica nas células abaixo.

**PRÁTICA**       Agora pratique nessas células menores.

**EXEMPLO DE SÍLABAS**

| 아 | 야 | 어 | 여 | 오 | 요 | 우 | 유 | 으 | 이 |
|----|----|----|-----|---|----|---|----|----|---|
| a | ya | eo | yeo | o | yo | u | yu | eu | i |

ㅎ ㅎ h

**NOME** 히읕 hieut

**DIGA**  *Inicial* - **h**   Pronunciado como o 'h' em hot dog
*Final* - **t**   Pronunciado como o 'h' em hot dog

**ESTILOS** ㅎ ㅎ ㅎ ㅎ ㅎ ㅎ

**ESCRITA** Desenhado com três traços.

**EM USO** 한국 Coreia do Sul   학교 escola
*Hanguk*   *haggyo*

## APRENDA

Trace e desenhe esta letra básica nas células abaixo.

## PRÁTICA

Agora pratique nessas células menores.

## EXEMPLO DE SÍLABAS

| 하 | 하 | 허 | 혀 | 호 | 효 | 후 | 휴 | 흐 | 히 |
|----|----|----|----|----|----|----|----|----|----|
| ha | hya | heo | hyeo | ho | hyo | hu | hyu | heu | hi |

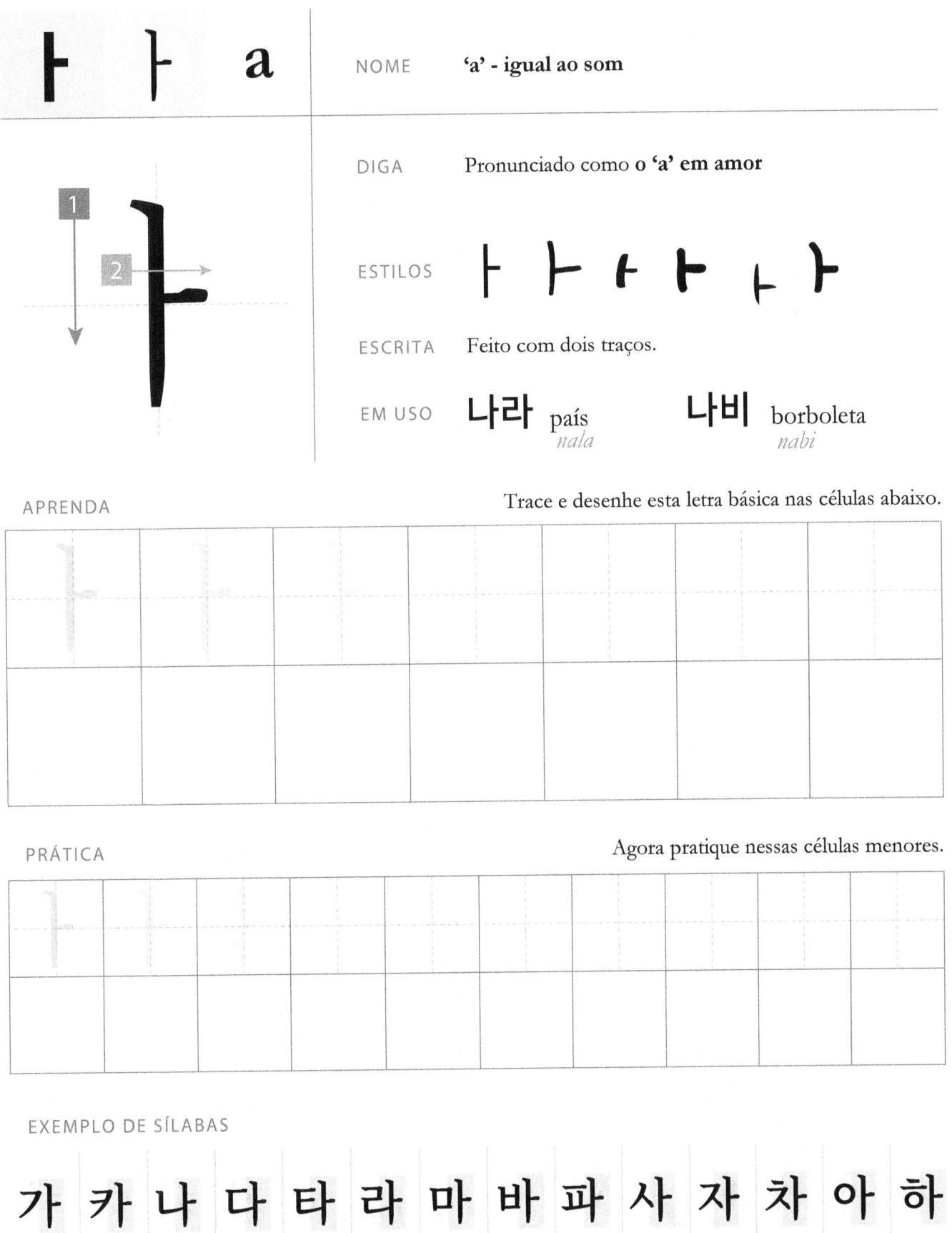

ㅏ ㅏ a

NOME    'a' - igual ao som

DIGA    Pronunciado como o 'a' em amor

ESTILOS    ㅏ ㅏ ㅏ ㅏ ㅏ ㅏ

ESCRITA    Feito com dois traços.

EM USO    나라 país
          *nala*          나비 borboleta
                          *nabi*

APRENDA                                Trace e desenhe esta letra básica nas células abaixo.

PRÁTICA                                Agora pratique nessas células menores.

EXEMPLO DE SÍLABAS

가 카 나 다 타 라 마 바 파 사 자 차 아 하

ga  ka  na  da  ta  ra  ma  ba  pa  sa  ja  cha  a  ha

# ㅑ ㅑ ya

| NOME | 'ya' - igual ao som |

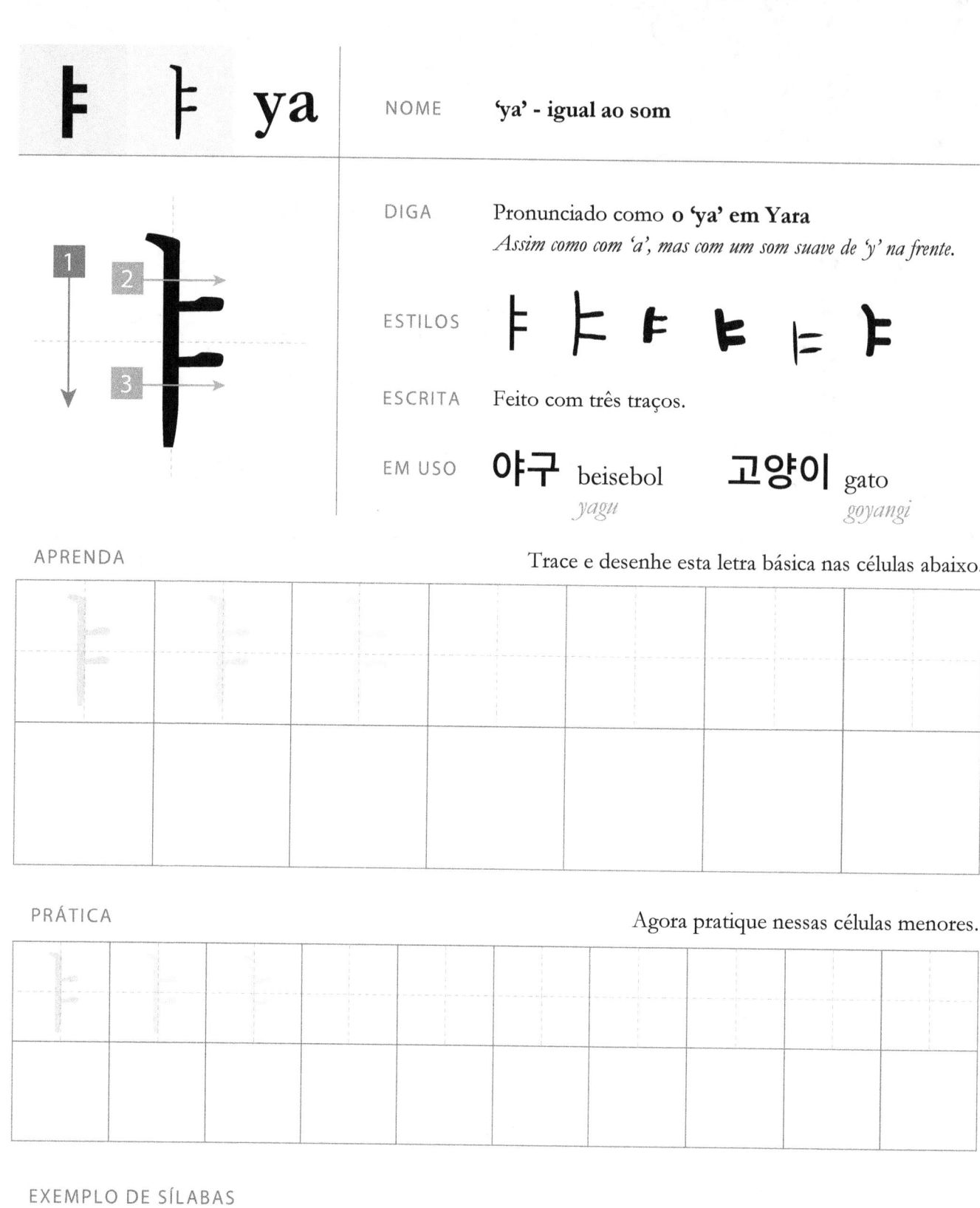

| DIGA | Pronunciado como o **'ya' em Yara**<br>*Assim como com 'a', mas com um som suave de 'y' na frente.* |
| ESTILOS | ㅑ ㅑ ㅑ ㅑ ㅑ ㅑ |
| ESCRITA | Feito com três traços. |
| EM USO | **야구** beisebol *yagu*     **고양이** gato *goyangi* |

## APRENDA

Trace e desenhe esta letra básica nas células abaixo.

## PRÁTICA

Agora pratique nessas células menores.

## EXEMPLO DE SÍLABAS

| 갸 | 캬 | 냐 | 댜 | 탸 | 랴 | 먀 | 뱌 | 퍄 | 샤 | 쟈 | 챠 | 야 | 햐 |
|----|----|----|----|----|----|----|----|----|----|----|----|----|----|
| gya | kya | nya | dya | tya | rya | mya | bya | pya | sya | jya | chya | ya | hya |

ㅓ ㅓ eo

**'eo' - igual ao som**

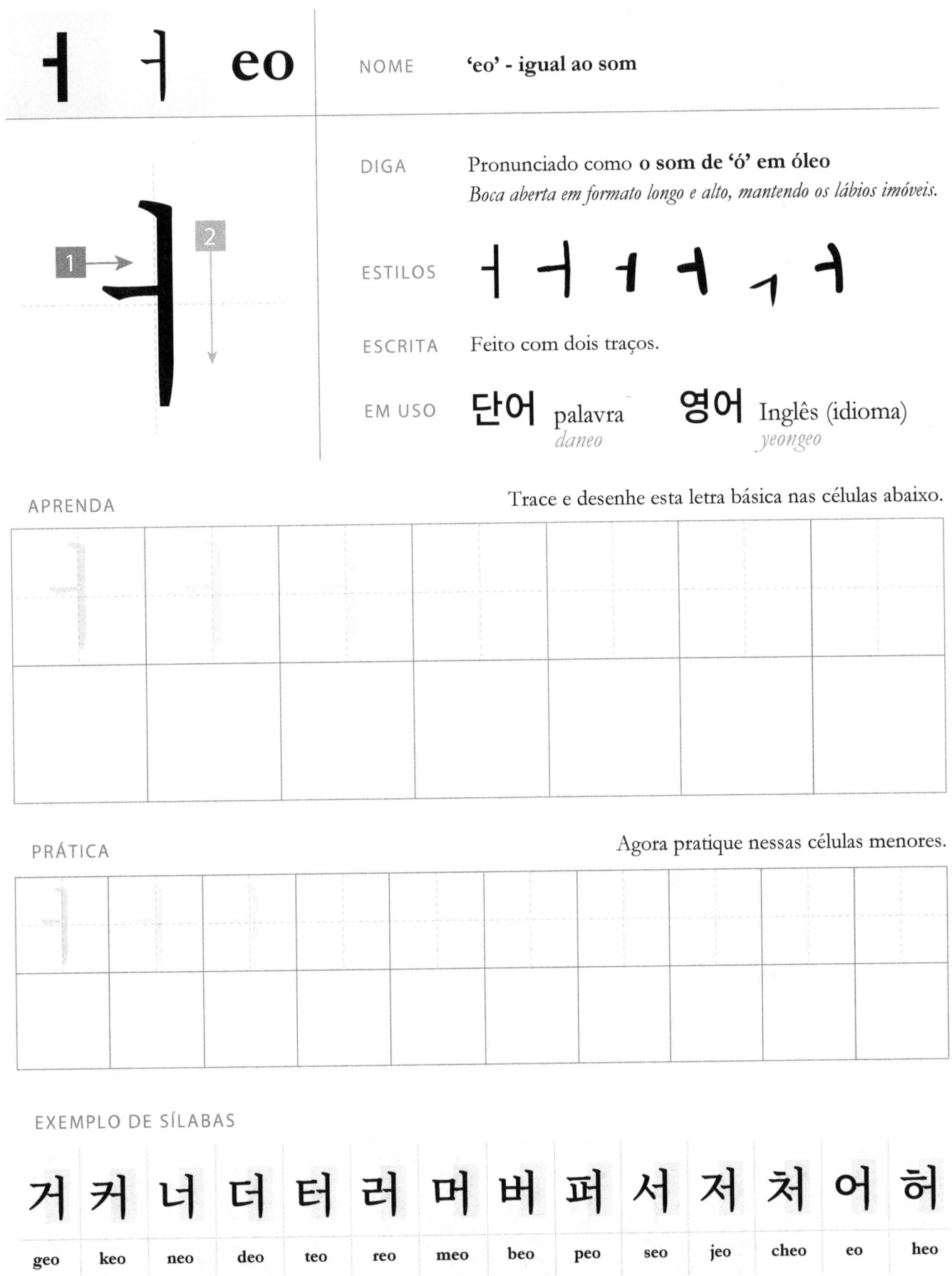

DIGA   Pronunciado como **o som de 'ó' em óleo**
*Boca aberta em formato longo e alto, mantendo os lábios imóveis.*

ESTILOS   ㅓ ㅓ ㅓ ㅓ ㅓ

ESCRITA   Feito com dois traços.

EM USO   단어 palavra       영어 Inglês (idioma)
              *daneo*              *yeongeo*

APRENDA                    Trace e desenhe esta letra básica nas células abaixo.

PRÁTICA                          Agora pratique nessas células menores.

EXEMPLO DE SÍLABAS

거 커 너 더 터 러 머 버 퍼 서 저 처 어 허

geo  keo  neo  deo  teo  reo  meo  beo  peo  seo  jeo  cheo  eo  heo

# ㅕ ㅕ yeo

| | |
|---|---|
| NOME | 'Yeo' - igual ao som |

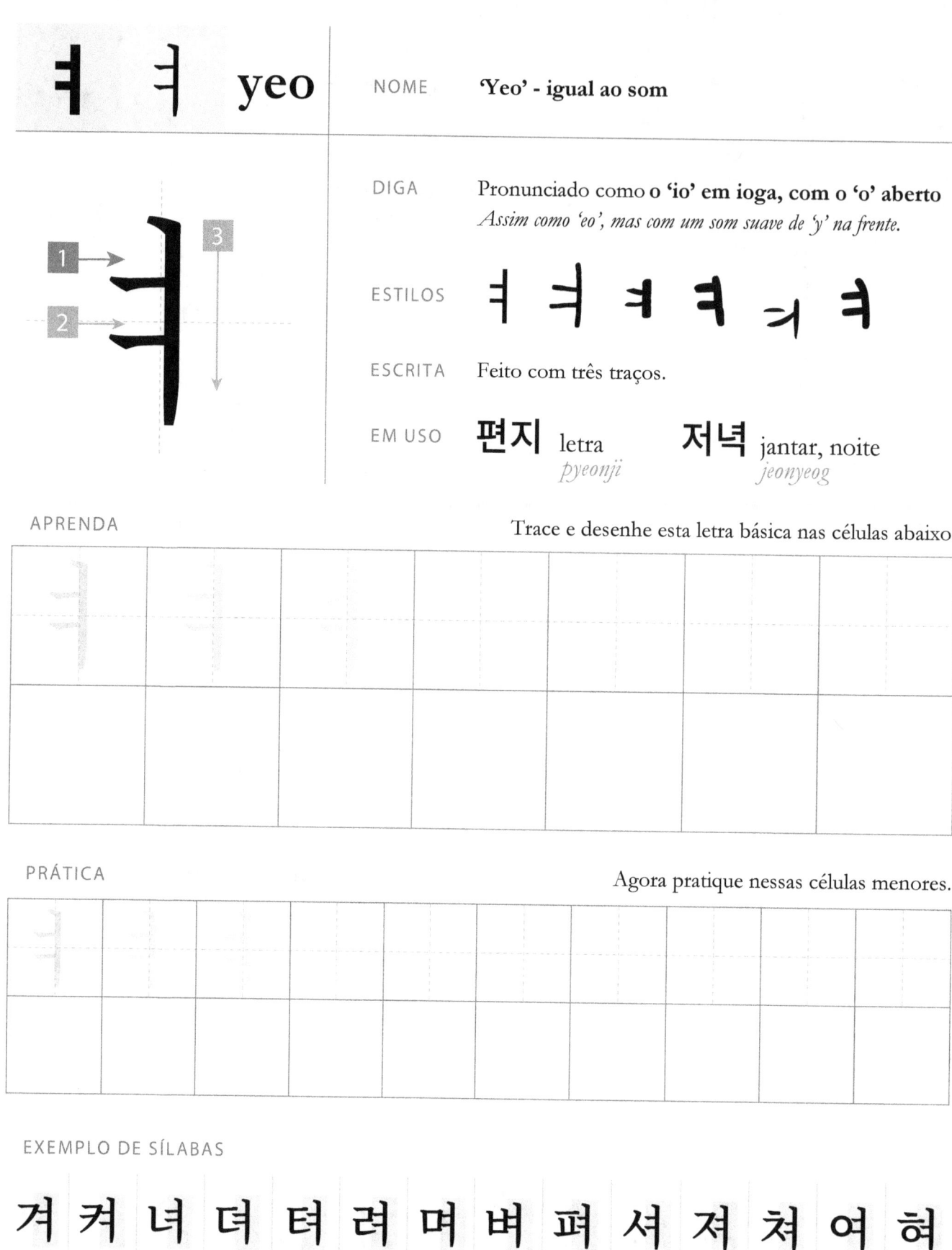

**DIGA**
Pronunciado como o 'io' em ioga, com o 'o' aberto
*Assim como 'eo', mas com um som suave de 'y' na frente.*

**ESTILOS**
ㅕ ㅕ ㅕ ㅕ ㅕ ㅕ

**ESCRITA**
Feito com três traços.

**EM USO**
편지 letra
*pyeonji*

저녁 jantar, noite
*jeonyeog*

## APRENDA
Trace e desenhe esta letra básica nas células abaixo.

## PRÁTICA
Agora pratique nessas células menores.

## EXEMPLO DE SÍLABAS

겨 켜 녀 뎌 텨 려 며 벼 펴 셔 져 쳐 여 혀

| gyeo | kyeo | nyeo | dyeo | tyeo | ryeo | myeo | byeo | pyeo | syeo | jyeo | chyeo | yeo | hyeo |
|------|------|------|------|------|------|------|------|------|------|------|-------|-----|------|

34

| ㅣ ㅣ i | | |
|---|---|---|

**NOME**  'i' - *igual ao som*

**DIGA**  Pronunciado como o **'i' em igreja**
*Boca larga, dentes mais próximos (não fechados)*

**ESTILOS**  ㅣ ㅣ ㅣ ＼ ㅣ ）

**ESCRITA**  Feito com um único traço.

**EM USO**  아버지pai    어머니mãe    아니não
          *abeoji*      *eomeoni*      *ani*

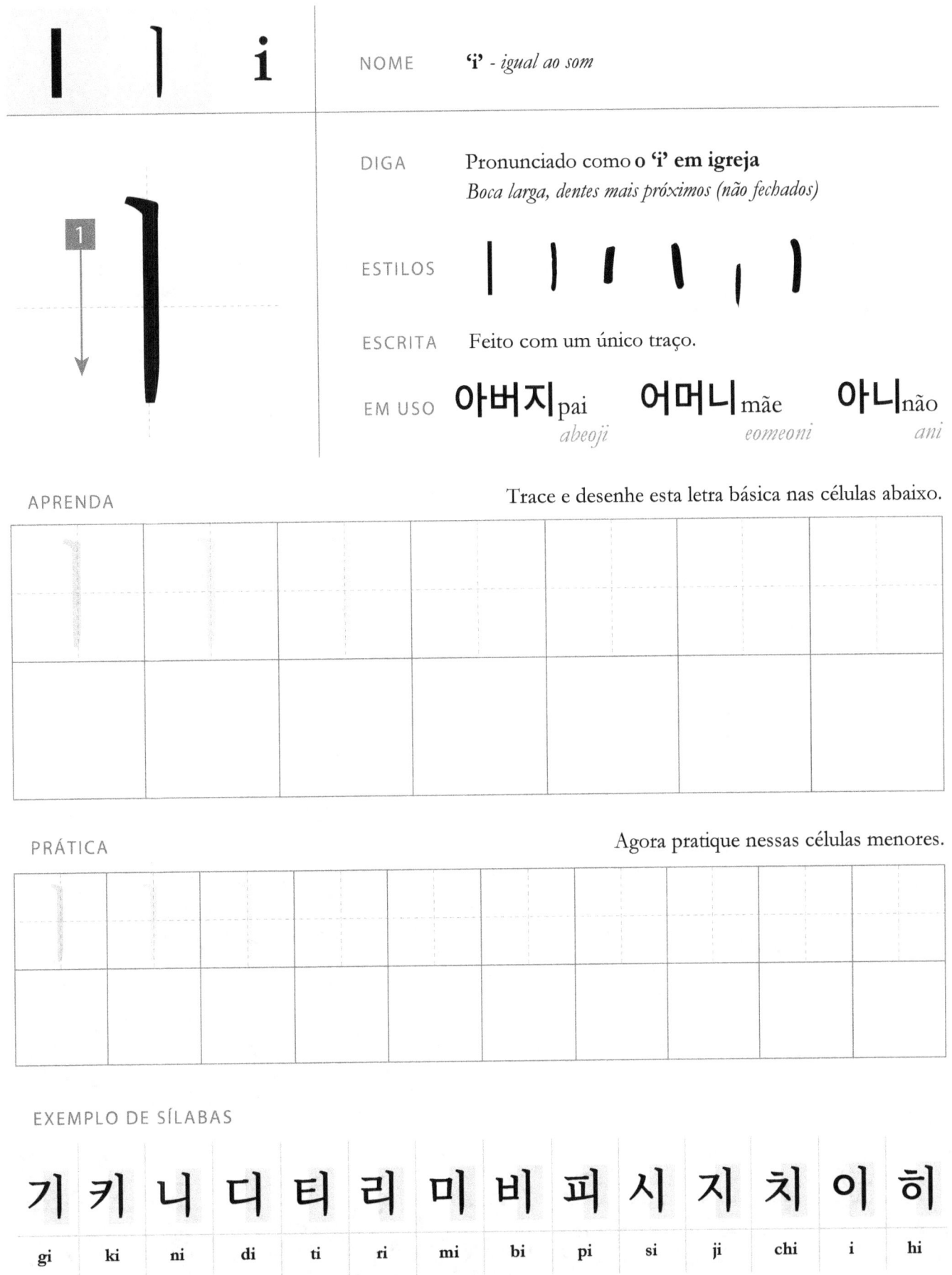

**APRENDA**                    Trace e desenhe esta letra básica nas células abaixo.

**PRÁTICA**                    Agora pratique nessas células menores.

**EXEMPLO DE SÍLABAS**

기 키 니 디 티 리 미 비 피 시 지 치 이 히

gi  ki  ni  di  ti  ri  mi  bi  pi  si  ji  chi  i  hi

ㅗ ㅗ O

**NOME**    'o' - *igual ao som*

**DIGA**    Pronunciado como o **'o' em ovo**
*Boca aberta em formato de O com os lábios imóveis.*

**ESTILOS**    ㅗ ㅗ ㅗ ㅗ ㅗ ㅗ

**ESCRITA**    Feito com dois traços.

**EM USO**    손 mão    동물 animal    토마토 tomate
          *son*            *dongmul*         *tomato*

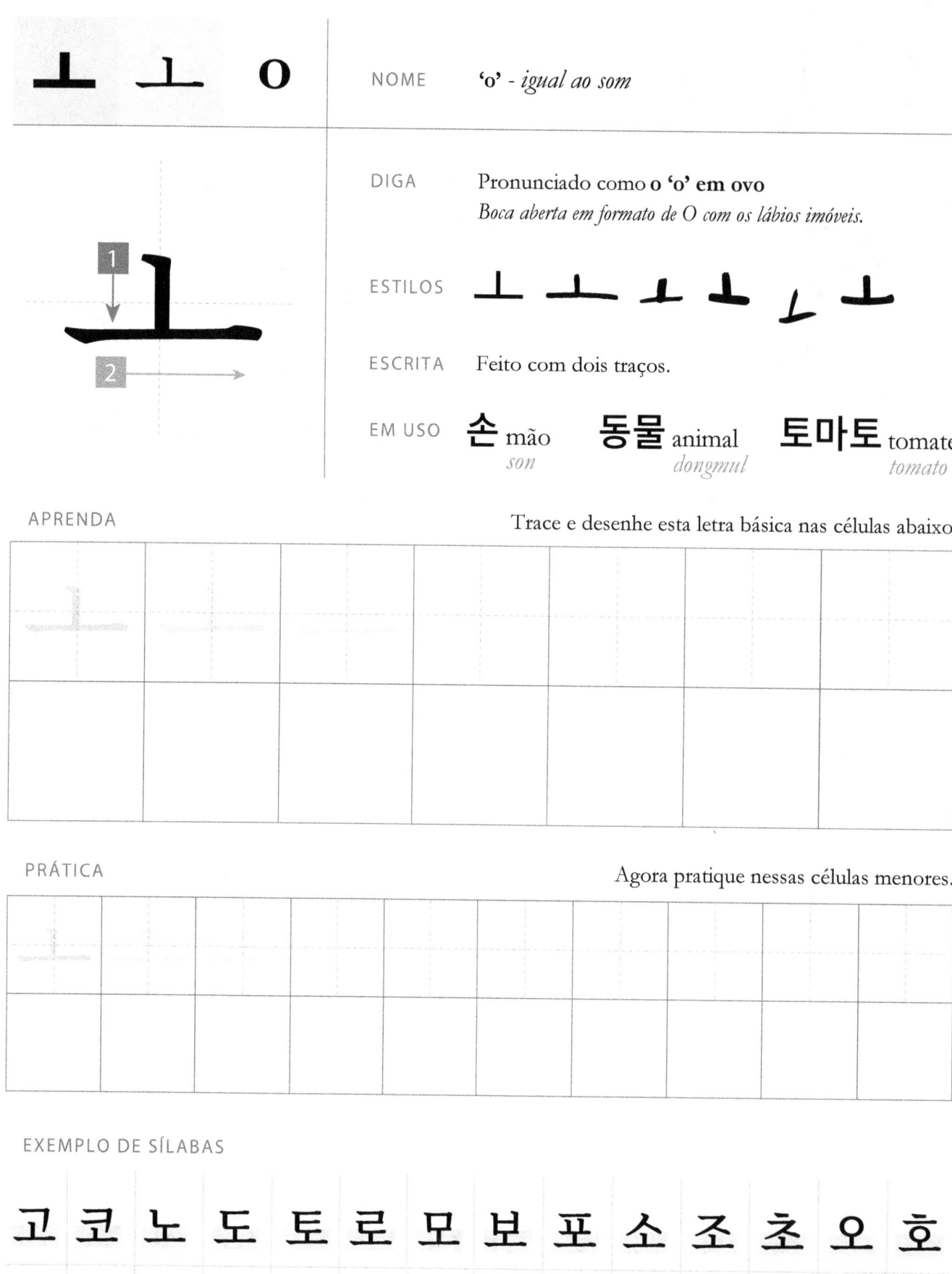

APRENDA          Trace e desenhe esta letra básica nas células abaixo.

PRÁTICA          Agora pratique nessas células menores.

EXEMPLO DE SÍLABAS

| 고 | 코 | 노 | 도 | 토 | 로 | 모 | 보 | 포 | 소 | 조 | 초 | 오 | 호 |
|----|----|----|----|----|----|----|----|----|----|----|----|----|----|
| go | ko | no | do | to | ro | mo | bo | po | so | jo | cho | o | ho |

# ㅛ ㅛ yo

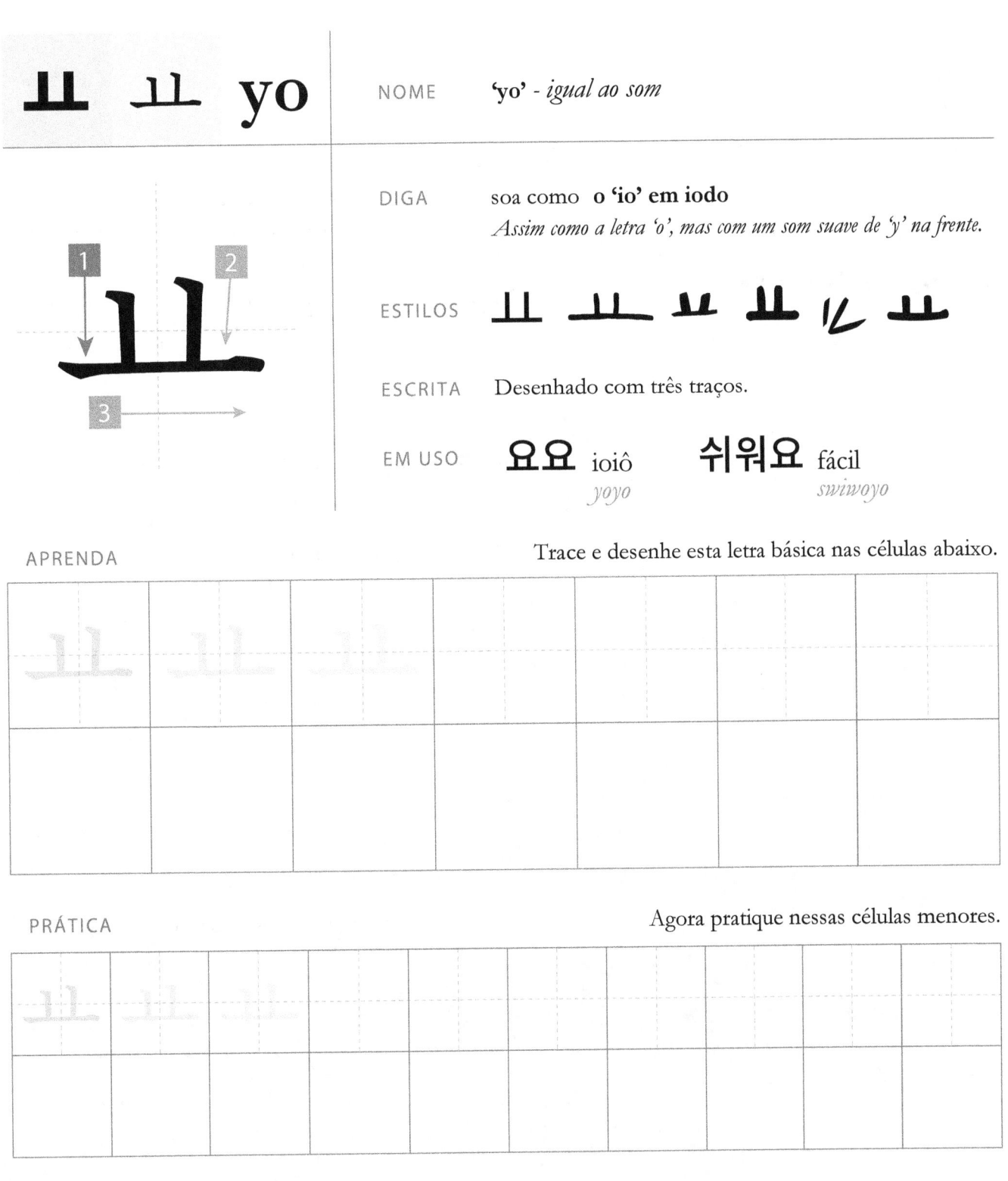

DIGA

soa como **o 'io' em iodo**
*Assim como a letra 'o', mas com um som suave de 'y' na frente.*

ESTILOS    ㅛ   ㅛ   ㅛ   ㅛ   ㅛ   ㅛ

ESCRITA    Desenhado com três traços.

EM USO    **요요** ioiô     **쉬워요** fácil
              *yoyo*            *swiwoyo*

## APRENDA

Trace e desenhe esta letra básica nas células abaixo.

## PRÁTICA

Agora pratique nessas células menores.

## EXEMPLO DE SÍLABAS

| 교 | 쿄 | 뇨 | 됴 | 툐 | 료 | 묘 | 뵤 | 표 | 쇼 | 죠 | 쵸 | 요 | 효 |
|---|---|---|---|---|---|---|---|---|---|---|---|---|---|
| gyo | kyo | nyo | dyo | tyo | ryo | myo | byo | pyo | syo | jyo | chyo | yo | hyo |

ㅜ　ㅜ　u

| NOME | 'u' - *igual ao som* |

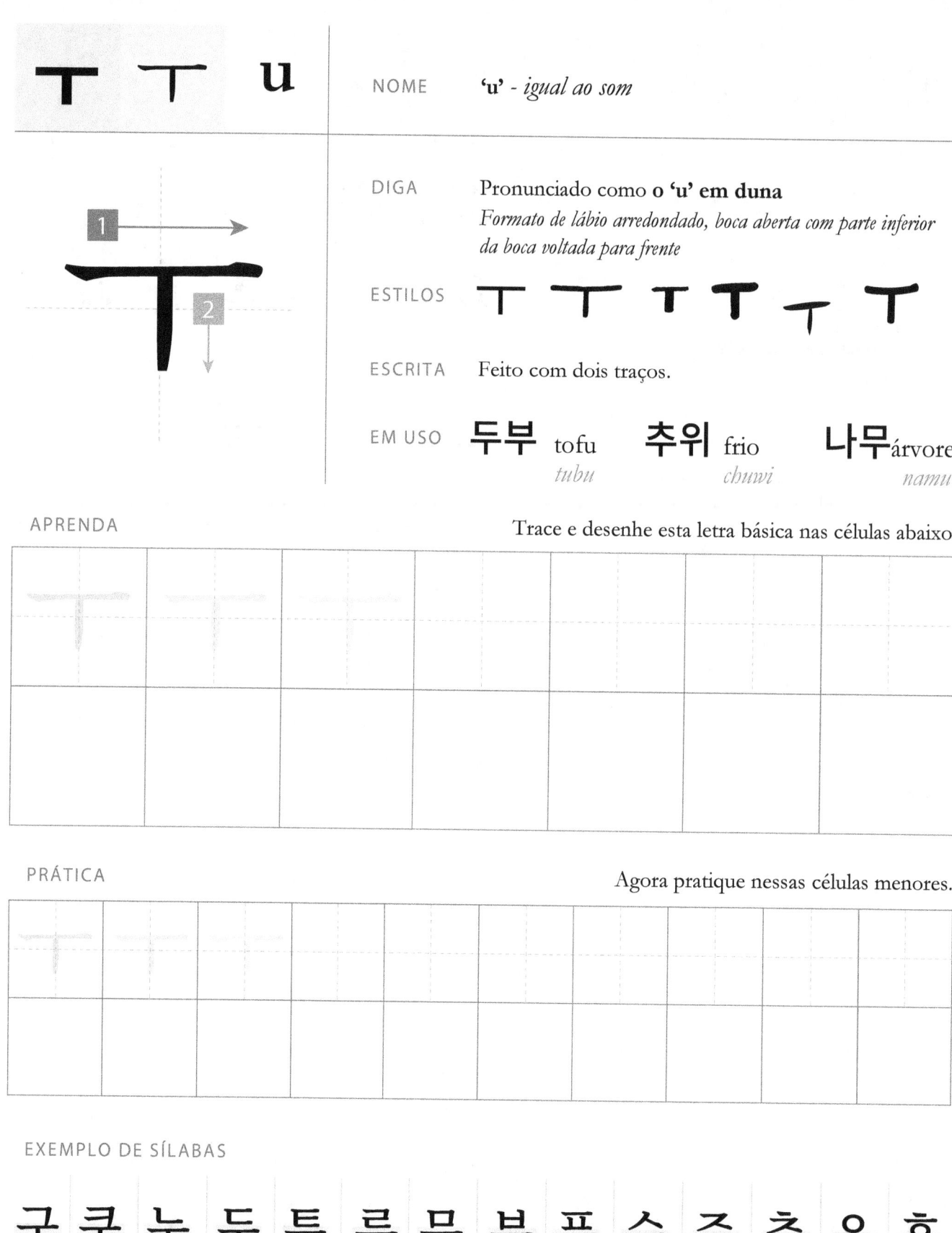

| DIGA | Pronunciado como **o 'u' em duna** |
| | *Formato de lábio arredondado, boca aberta com parte inferior da boca voltada para frente* |

| ESTILOS | ㅜ ㅜ ㅜ ㅜ ㅜ ㅜ |

| ESCRITA | Feito com dois traços. |

| EM USO | 두부 tofu　추위 frio　나무 árvore |
| | *tubu*　　*chuwi*　　*namu* |

## APRENDA

Trace e desenhe esta letra básica nas células abaixo.

## PRÁTICA

Agora pratique nessas células menores.

## EXEMPLO DE SÍLABAS

구　쿠　누　두　투　루　무　부　푸　수　주　추　우　후

| gu | ku | nu | du | tu | ru | mu | bu | pu | su | ju | chu | u | hu |

38

# ㅠ ㅠ yu

| | |
|---|---|
| NOME | **'yu'** - *igual ao som* |

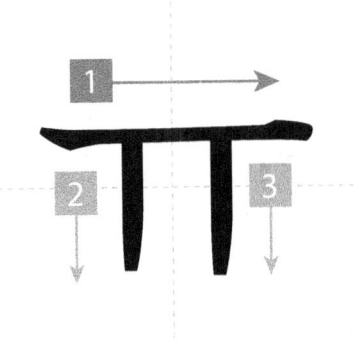

| | |
|---|---|
| DIGA | Pronunciado como **o 'iu' em Iuri**<br>*Assim como com 'u', mas com um som suave de 'y' na frente.* |
| ESTILOS | ㅠ ㅠ ㅠ ㅠ ㅠ ㅠ |
| ESCRITA | Desenhado com três traços. |
| EM USO | 자유 liberdade *chayu*      컴퓨터 computador *keompyuteo* |

## APRENDA

Trace e desenhe esta letra básica nas células abaixo.

## PRÁTICA

Agora pratique nessas células menores.

## EXEMPLO DE SÍLABAS

| 규 | 큐 | 뉴 | 듀 | 튜 | 류 | 뮤 | 뷰 | 퓨 | 슈 | 쥬 | 츄 | 유 | 휴 |
|---|---|---|---|---|---|---|---|---|---|---|---|---|---|
| gyu | kyu | nyu | dyu | tyu | ryu | myu | byu | pyu | syu | jyu | chyu | yu | hyu |

# ー ー eu

| NOME | 'eu' - *igual ao so* |
|---|---|

**DIGA**   soa como **o 'ú' em úmido**
*'Ú' com boca larga, cantos puxados para trás,
dentes mais próximos (não fechados)*

**ESTILOS**   ー ー ー ー ✓ ✓

**ESCRITA**   Feito com um único traço.

**EM USO**   이름 nome *ileum*   퀴즈 teste rápido *kwijeu*   카드 cartão *kadeu*

## APRENDA

Trace e desenhe esta letra básica nas células abaixo.

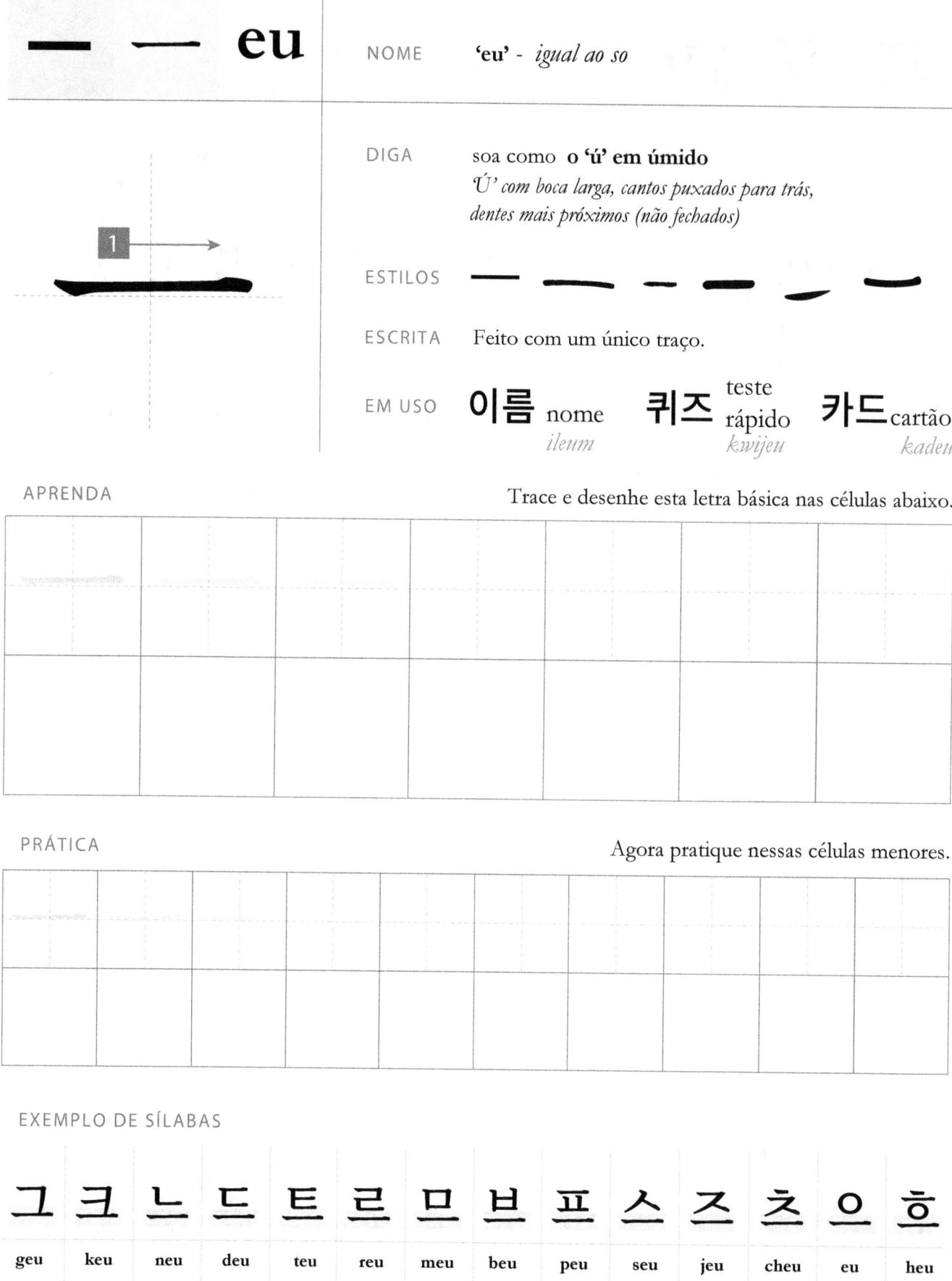

## PRÁTICA

Agora pratique nessas células menores.

## EXEMPLO DE SÍLABAS

| 그 | 크 | 느 | 드 | 트 | 르 | 므 | 브 | 프 | 스 | 즈 | 츠 | 으 | 흐 |
|---|---|---|---|---|---|---|---|---|---|---|---|---|---|
| geu | keu | neu | deu | teu | reu | meu | beu | peu | seu | jeu | cheu | eu | heu |

# Parte 3

# PRÁTICA E REVISÃO DO HANGUL BÁSICO

| ㄱ | | | | | | | | |
|---|---|---|---|---|---|---|---|---|
| ㅋ | | | | | | | | |
| ㄴ | | | | | | | | |
| ㄷ | | | | | | | | |
| ㅌ | | | | | | | | |
| ㄹ | | | | | | | | |

PRÁTICA    Combine essas consoantes com vogal    야 야    DESCREVA O SOM

| ㅁ | | | | | | | | |
|---|---|---|---|---|---|---|---|---|
| ㅂ | | | | | | | | |
| ㅍ | | | | | | | | |
| ㅅ | | | | | | | | |
| ㅈ | | | | | | | | |
| ㅊ | | | | | | | | |

NOTA: OS EXEMPLOS SÃO PARA A PRÁTICA DE ESCRITA E PODEM NÃO SER COMUNS

| ㄱ | | | | | | | | |
|---|---|---|---|---|---|---|---|---|
| ㅋ | | | | | | | | |
| ㄴ | | | | | | | | |
| ㄷ | | | | | | | | |
| ㅌ | | | | | | | | |
| ㄹ | | | | | | | | |

PRÁTICA    Combine essas consoantes com vogal    여 여    DESCREVA O SOM

| ㅁ | | | | | | | | |
|---|---|---|---|---|---|---|---|---|
| ㅂ | | | | | | | | |
| ㅍ | | | | | | | | |
| ㅅ | | | | | | | | |
| ㅈ | | | | | | | | |
| ㅊ | | | | | | | | |

*(Ver Tabelas de referência - página 123)*

| ㄱ | | | | | | | | | |
|---|---|---|---|---|---|---|---|---|---|
| ㅋ | | | | | | | | | |
| ㄴ | | | | | | | | | |
| ㄷ | | | | | | | | | |
| ㅌ | | | | | | | | | |
| ㄹ | | | | | | | | | |

| ㅁ | | | | | | | | | |
|---|---|---|---|---|---|---|---|---|---|
| ㅂ | | | | | | | | | |
| ㅍ | | | | | | | | | |
| ㅅ | | | | | | | | | |
| ㅈ | | | | | | | | | |
| ㅊ | | | | | | | | | |

NOTA: OS EXEMPLOS SÃO PARA A PRÁTICA DE ESCRITA E PODEM NÃO SER COMUNS

PRÁTICA   Combine essas consoantes com vogal   ㅗ ㅗ            DESCREVA O SOM

| ㄱ | | | | | | | | |
| ㅋ | | | | | | | | |
| ㄴ | | | | | | | | |
| ㄷ | | | | | | | | |
| ㅌ | | | | | | | | |
| ㄹ | | | | | | | | |

PRÁTICA   Combine essas consoantes com vogal   ㅛ ㅛ            DESCREVA O SOM

| ㅁ | | | | | | | | |
| ㅂ | | | | | | | | |
| ㅍ | | | | | | | | |
| ㅅ | | | | | | | | |
| ㅈ | | | | | | | | |
| ㅊ | | | | | | | | |

*(Ver Tabelas de referência - página 123)*

| ㄱ | | | | | | | | |
| --- | --- | --- | --- | --- | --- | --- | --- | --- |
| ㅋ | | | | | | | | |
| ㄴ | | | | | | | | |
| ㄷ | | | | | | | | |
| ㅌ | | | | | | | | |
| ㄹ | | | | | | | | |

PRÁTICA   Combine essas consoantes com vogal   유 유   DESCREVA O SOM

| ㅁ | | | | | | | | |
| --- | --- | --- | --- | --- | --- | --- | --- | --- |
| ㅂ | | | | | | | | |
| ㅍ | | | | | | | | |
| ㅅ | | | | | | | | |
| ㅈ | | | | | | | | |
| ㅊ | | | | | | | | |

NOTA: OS EXEMPLOS SÃO PARA A PRÁTICA DE ESCRITA E PODEM NÃO SER COMUNS

46

PRÁTICA    Combine essas consoantes com vogal    오 오                    DESCREVA O SOM

| ㄱ | | | | | | | | |
|---|---|---|---|---|---|---|---|---|
| ㅋ | | | | | | | | |
| ㄴ | | | | | | | | |
| ㄷ | | | | | | | | |
| ㅌ | | | | | | | | |
| ㄹ | | | | | | | | |

PRÁTICA    Combine essas consoantes com vogal    요 요                    DESCREVA O SOM

| ㅁ | | | | | | | | |
|---|---|---|---|---|---|---|---|---|
| ㅂ | | | | | | | | |
| ㅍ | | | | | | | | |
| ㅅ | | | | | | | | |
| ㅈ | | | | | | | | |
| ㅊ | | | | | | | | |

*(Ver Tabelas de referência - página 123)*

# TESTE RÁPIDO! A

*Vamos testar sua memória!*

**1**  Esta letra tem o som de _____ ?

A. 'io' em ioga

B. 'o' em ovo

C. 'i' em igreja

D. 'ya' em Yara

_____

**6** 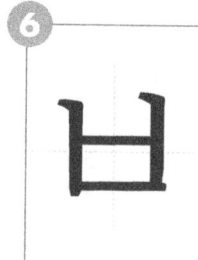 Quantos traços são necessários para desenhar este caractere?

*Você pode desenhar a ordem na imagem?*

A. **2**   B. **4**

C. **3**   D. **5**

_____

**2** _____ é pronunciada como o 'p' em pizza?

A. �   B. ㅍ

C. ㅛ   D. ㅂ

_____

**7** _____ é pronunciada como o 'i' em igreja?

A. ㅜ   B. ㅡ

C. ㅣ   D. ㅗ

_____

**3** Qual destas consoantes usamos como consoante silenciosa com todas as vogais?

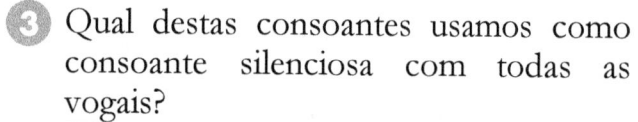

A.   B.   C.   D.

_____

**8** Quais destes blocos silábicos estão errados?

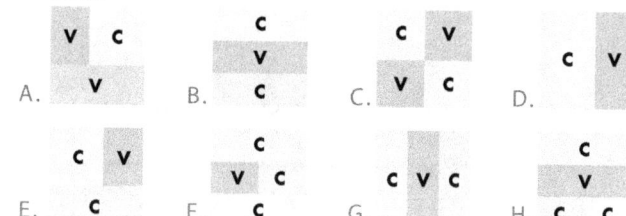

**4** _____ é pronunciada como o 'j' em jogo?

A. ㅅ   B. ㅊ

C. ㅈ   D. ㅎ

_____

**9** _____ é pronunciada como o 'd' em dado?

A. ㅋ   B. ㄷ

C. ㄴ   D. ㅌ

_____

**5** 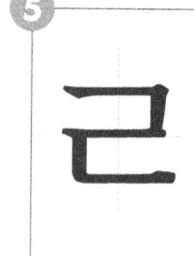 Quantos traços são necessários para desenhar este caractere?

*Você pode desenhar a ordem na imagem?*

A. **2**   B. **4**

C. **3**   D. **5**

**10** Esta letra tem o som de _____ ?

A. 'k' em kit

B. 'ch' em charme

C. 'c' em cabo

D. 'g' em gato

_____

*(Ver respostas - página 128)*

48

# Parte 4

## LETRAS COMPOSTAS DO HANGUL

## LETRAS DE COMBINAÇÃO

Existem 16 letras adicionais para aprender depois do Hangul básico e elas são frequentemente chamadas de *letras compostas* - mas não são tão complicadas quanto parecem. Na verdade, elas são feitas simplesmente através das combinações de letras que agora você já pode ler e escrever!

## CONSOANTES DUPLAS

Este conjunto de letras é relativamente pequeno - existem apenas **5 consoantes duplas 'tensas'** para aprender e são simplesmente duas letras iguais juntas! Cada uma delas pode ser usada como consoante inicial, mas apenas ㄲ e ㅆ podem ser batchim *(veremos isso mais adiante)*.

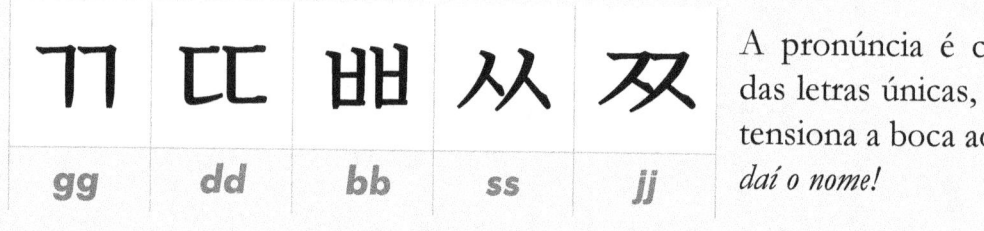

A pronúncia é como as versões das letras únicas, exceto que você tensiona a boca ao pronunciá-las - *daí o nome!*

Ao fazer uma pausa momentânea quando estiver prestes a pronunciar uma letra, você naturalmente acumula um pouco de força extra por trás da letra que vem em seguida. Aqui está um exercício rápido para te ajudar a entender melhor os sons '**tensos**':

*Diga a palavra 'tapa' e depois diga a palavra 'estalo'. Repita e preste atenção especial aos sons do '-t'. Você consegue sentir e ouvir a diferença entre os dois?*

Quando colocadas desta forma, as consoantes duplas contam como uma letra única quando as escrevemos. Desta maneira, o espaço que elas ocupam em uma sílaba é o mesmo que qualquer outra letra individual. Vamos agora verificar como as consoantes duplas ficam dentro dos layouts de sílabas abaixo:

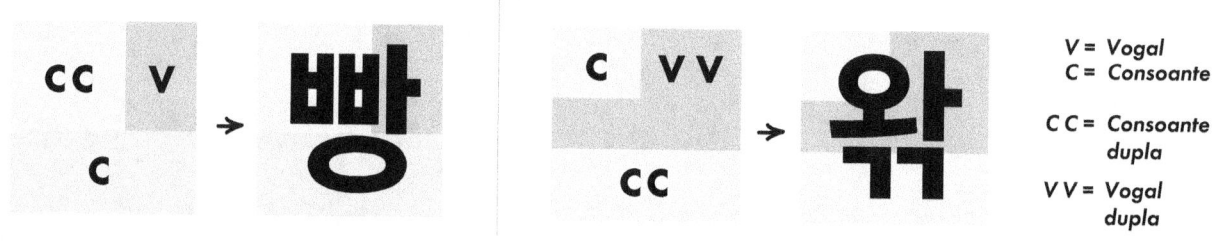

## VOGAIS DUPLAS

Estas vogais compostas, ou **ditongos**, são formadas por duas vogais básicas. Os sons que as letras individuais representam são unidos para formar um novo som - pronunciamos os ditongos dizendo as duas vogais unidas rapidamente, como um som suave:

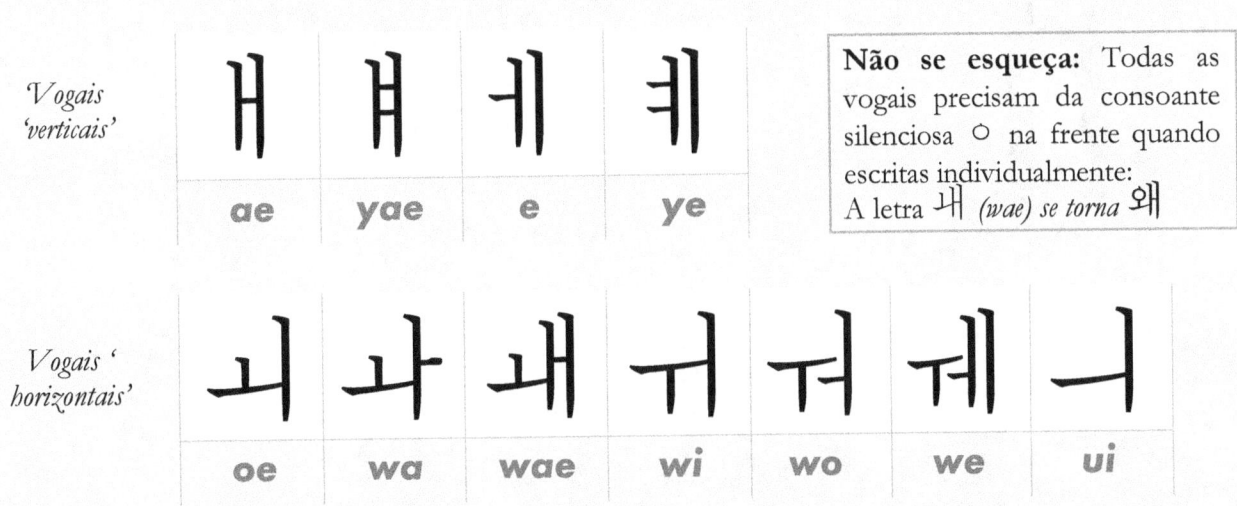

*Vogais 'verticais'*

| ㅐ | ㅒ | ㅔ | ㅖ |
|---|---|---|---|
| ae | yae | e | ye |

**Não se esqueça:** Todas as vogais precisam da consoante silenciosa ㅇ na frente quando escritas individualmente: A letra ㅐ *(wae) se torna* 왜

*Vogais 'horizontais'*

| ㅚ | ㅘ | ㅙ | ㅟ | ㅝ | ㅞ | ㅢ |
|---|---|---|---|---|---|---|
| oe | wa | wae | wi | wo | we | ui |

Os blocos silábicos com ditongos também possuem layouts variados dependendo do formato das vogais dentro deles e do número de letras que contêm:

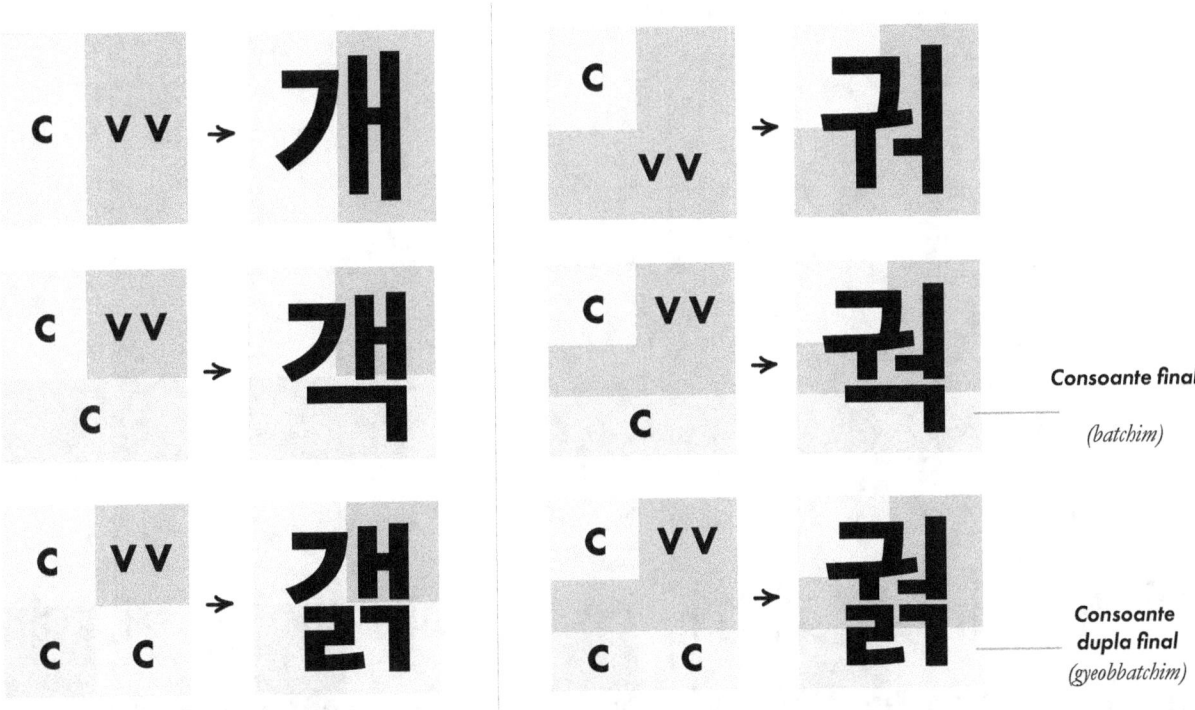

Consoante final
*(batchim)*

Consoante dupla final
*(gyeobbatchim)*

# ㅐ ㅐ **ae**

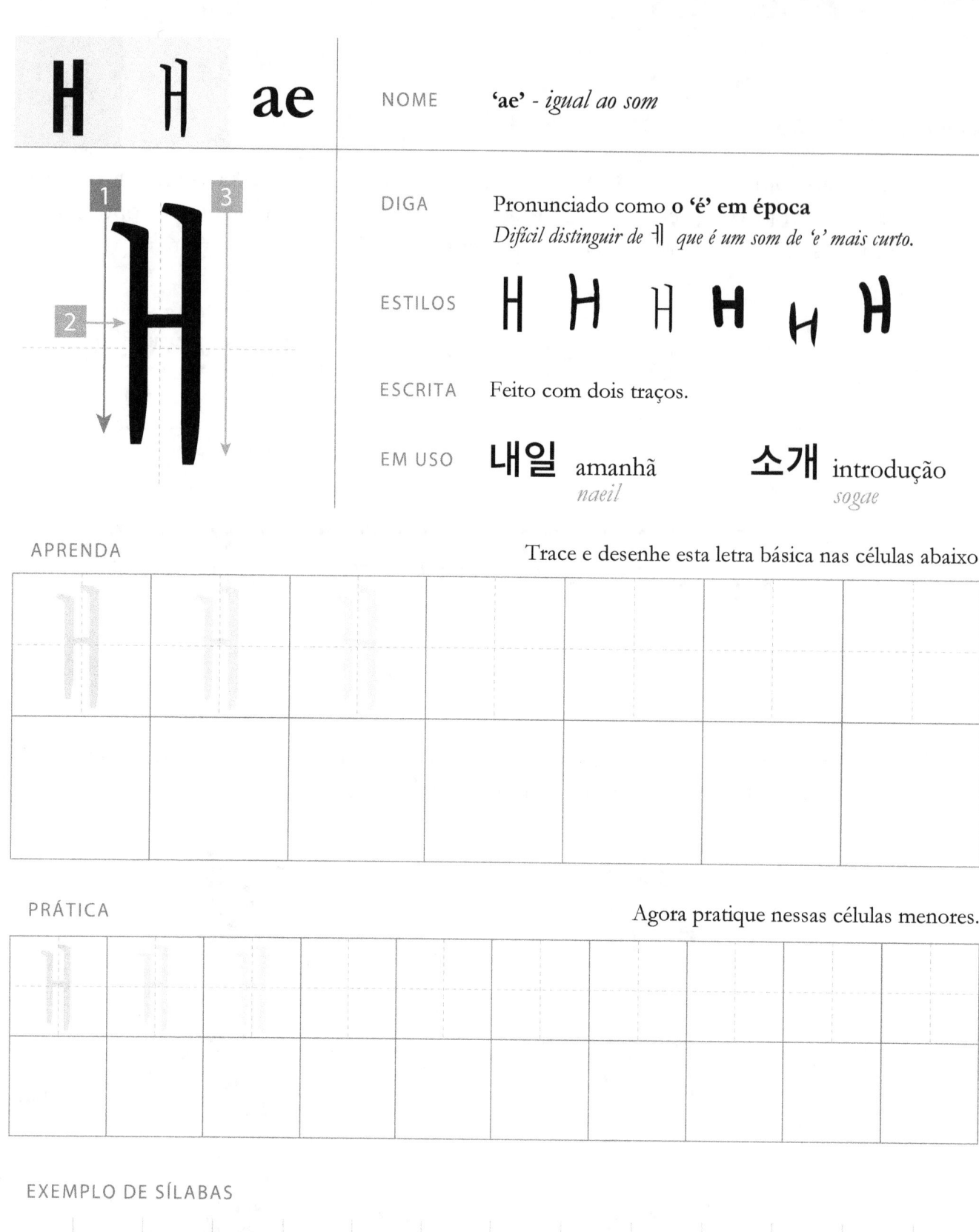

| | |
|---|---|
| NOME | **'ae'** - *igual ao som* |
| DIGA | Pronunciado como **o 'é' em época**<br>*Difícil distinguir de* ㅔ *que é um som de 'e' mais curto.* |
| ESTILOS | ㅐ ㅐ ㅐ ㅐ ㅐ ㅐ |
| ESCRITA | Feito com dois traços. |
| EM USO | **내일** amanhã<br>*naeil*  **소개** introdução<br>*sogae* |

## APRENDA

Trace e desenhe esta letra básica nas células abaixo.

## PRÁTICA

Agora pratique nessas células menores.

## EXEMPLO DE SÍLABAS

| 개 | 캐 | 내 | 대 | 태 | 래 | 매 | 배 | 패 | 새 | 재 | 채 | 애 | 해 |
|---|---|---|---|---|---|---|---|---|---|---|---|---|---|
| gae | kae | nae | dae | tae | rae | mae | bae | pae | sae | jae | chae | ae | hae |

 **yae**

| NOME | 'yae' - *igual ao som* |
|------|------------------------|

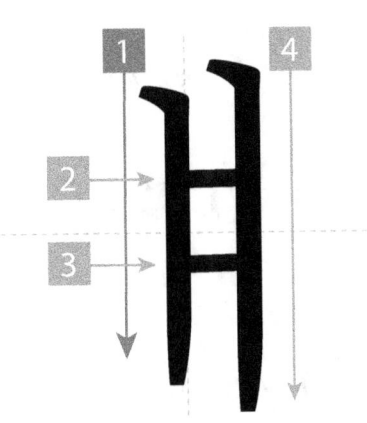

| DIGA | Pronunciado como o **'ye' em yeti** |
|------|-------------------------------------|
| | *Assim como 'ae' com som de 'y' na frente.* |

| ESTILOS |  |
|---------|---|

| ESCRITA | Feito com quatro traços. |
|---------|--------------------------|

| EM USO | 얘기 história |
|--------|--------------|
| | *yaegi* |

## APRENDA

Trace e desenhe esta letra básica nas células abaixo.

## PRÁTICA

Agora pratique nessas células menores.

## EXEMPLO DE SÍLABAS

| 개 | 캐 | 내 | 대 | 태 | 래 | 매 | 배 | 패 | 새 | 재 | 채 | 애 | 해 |
|-----|------|------|------|------|------|------|------|------|------|------|-------|------|------|
| gyae | kyae | nyae | dyae | tyae | ryae | myae | byae | pyae | syae | jyae | chyae | yae | hyae |

ㅔ ㅔ **e**

| | |
|---|---|
| NOME | 'e' - *igual ao som* |
| DIGA | Pronunciado como **o 'é' em égua** <br> *Difícil distinguir de* ㅐ *que é um som de 'e' mais longo.* |
| ESTILOS | ㅔ ㅔ ㅔ ㅔ ㅔ ㅔ |
| ESCRITA | Desenhado com três traços. |
| EM USO | **가게** loja     **어제** ontem <br>     *gage*           *eoje* |

APRENDA        Trace e desenhe esta letra básica nas células abaixo.

PRÁTICA        Agora pratique nessas células menores.

EXEMPLO DE SÍLABAS

| 게 | 케 | 네 | 데 | 테 | 레 | 메 | 베 | 페 | 세 | 제 | 체 | 에 | 헤 |
|---|---|---|---|---|---|---|---|---|---|---|---|---|---|
| ge | ke | ne | de | te | re | me | be | pe | se | je | coe | e | he |

# ㅖ ㅖ ye

| | |
|---|---|
| NOME | **'ye'** - *igual ao som* |

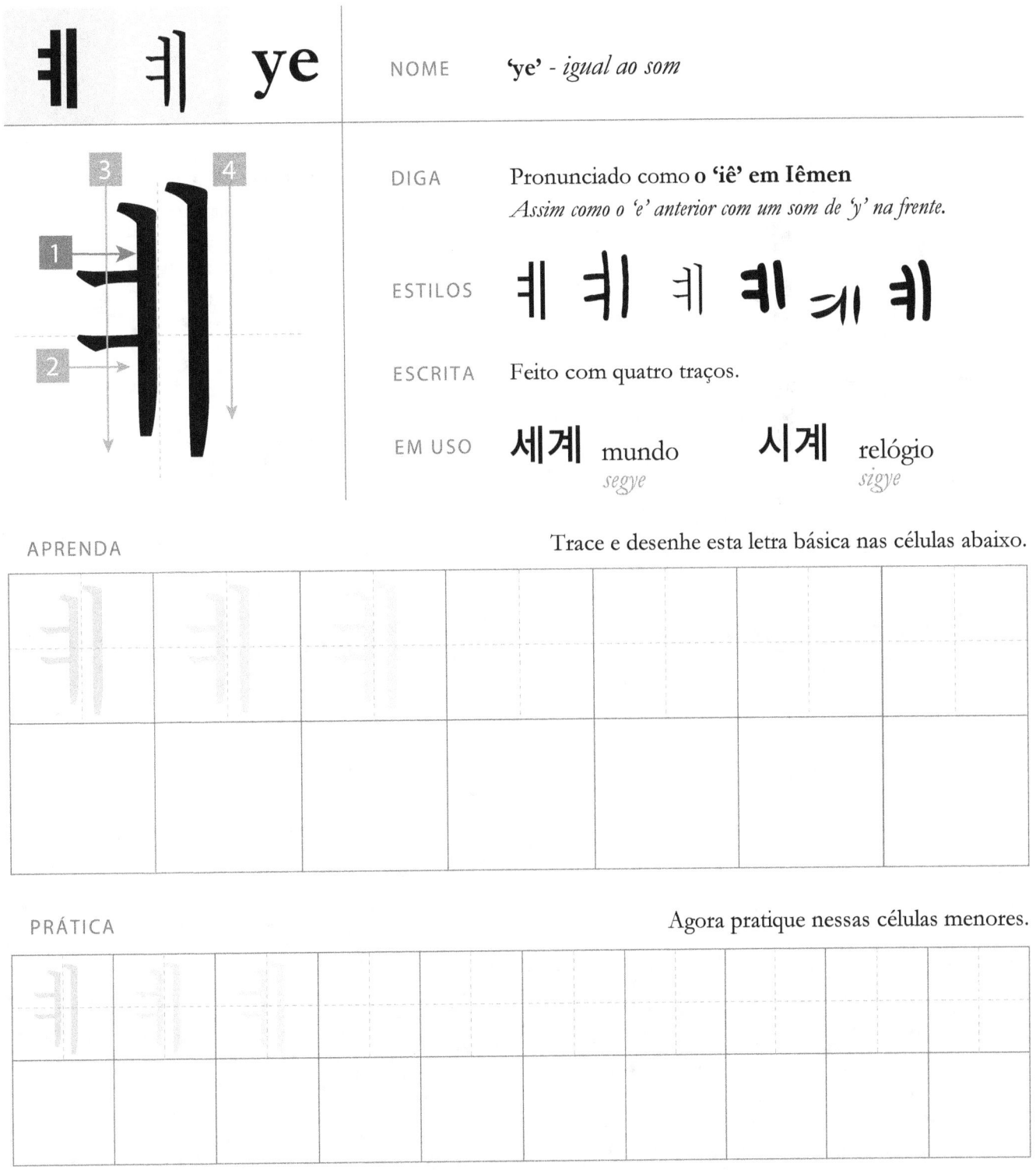

**DIGA**  Pronunciado como **o 'iê' em Iêmen**
*Assim como o 'e' anterior com um som de 'y' na frente.*

**ESTILOS**  ㅖ ㅖ ㅖ ㅖ ㅖ ㅖ

**ESCRITA**  Feito com quatro traços.

**EM USO**  세계 mundo
*segye*

시계 relógio
*sigye*

## APRENDA

Trace e desenhe esta letra básica nas células abaixo.

## PRÁTICA

Agora pratique nessas células menores.

## EXEMPLO DE SÍLABAS

| 계 | 켸 | 녜 | 뎨 | 톄 | 례 | 몌 | 볘 | 폐 | 셰 | 졔 | 쳬 | 예 | 혜 |
|---|---|---|---|---|---|---|---|---|---|---|---|---|---|
| gye | kye | nye | dye | tye | rye | mye | bye | pye | sye | jye | chye | ye | hye |

# 괴 괴 oe

| | |
|---|---|
| **NOME** | **'oe'** - *igual ao som* |
| **DIGA** | Pronunciado como o **'we' em Wesley** <br> *Como 'oh-eh, mas como um som único e suave* |
| **ESTILOS** | 괴 괴 괴 괴 ㄴ 괴 |
| **ESCRITA** | Desenhado com três traços. |
| **EM USO** | **뇌** cérebro <br> *noe*     **회사** empresa <br> *hoesa* |

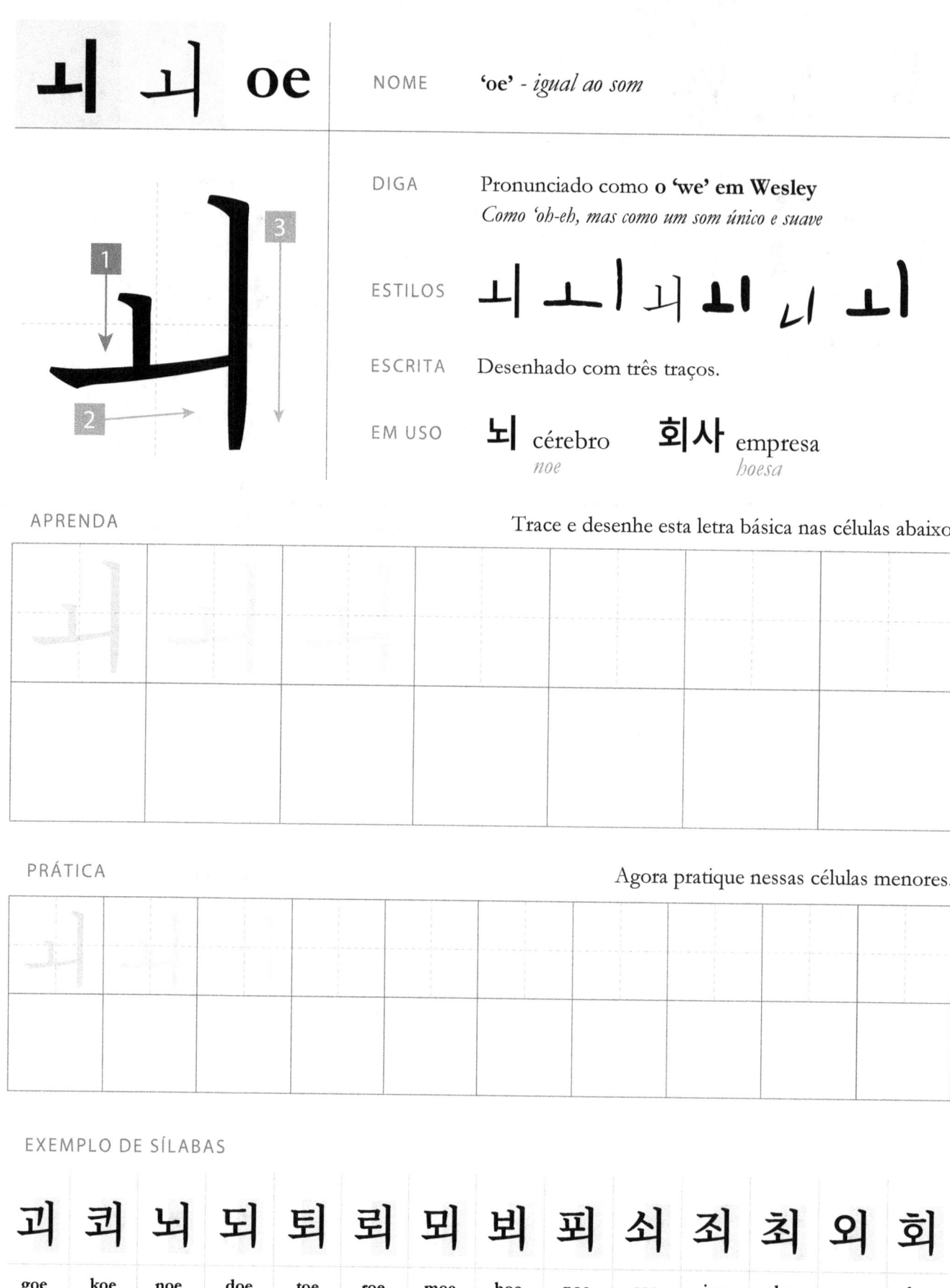

## APRENDA

Trace e desenhe esta letra básica nas células abaixo.

## PRÁTICA

Agora pratique nessas células menores.

## EXEMPLO DE SÍLABAS

| 괴 | 쾨 | 뇌 | 되 | 퇴 | 뢰 | 뫼 | 뵈 | 푀 | 쇠 | 죄 | 최 | 외 | 회 |
|---|---|---|---|---|---|---|---|---|---|---|---|---|---|
| goe | koe | noe | doe | toe | roe | moe | boe | poe | soe | joe | choe | oe | hoe |

# 과 과 **wa**

| | |
|---|---|
| **NOME** | 'wa' - *igual ao som* |

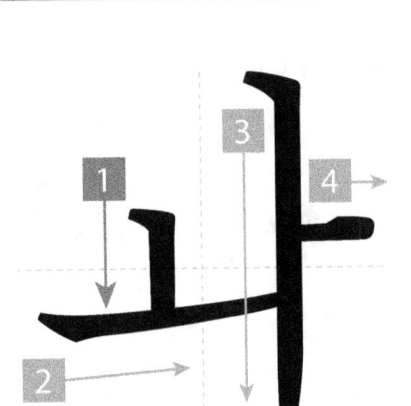

**DIGA** Pronunciado como
o **'wa' em Taiwan com um 'w' suave**
*Muito parecido com 'uh-ah', mas dito em um som único e suave.*

**ESTILOS**

**ESCRITA** Feito com quatro traços.

**EM USO** 와! uau!    과일 frutas    사과 maçã
*wa!*    *gwail*    *sagwa*

## APRENDA

Trace e desenhe esta letra básica nas células abaixo.

## PRÁTICA

Agora pratique nessas células menores.

## EXEMPLO DE SÍLABAS

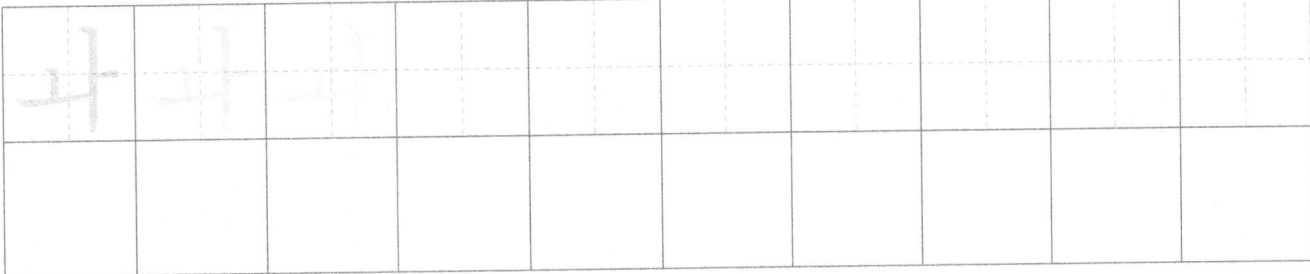

| 과 | 콰 | 놔 | 돠 | 톼 | 뢔 | 뫄 | 봐 | 퐈 | 솨 | 좌 | 촤 | 와 | 화 |
|---|---|---|---|---|---|---|---|---|---|---|---|---|---|
| gwa | kwa | nwa | dwa | twa | rwa | mwa | bwa | pwa | swa | jwa | chwa | wa | hwa |

# 괘 괘 wae

| | |
|---|---|
| NOME | 'wae' - *igual ao som* |

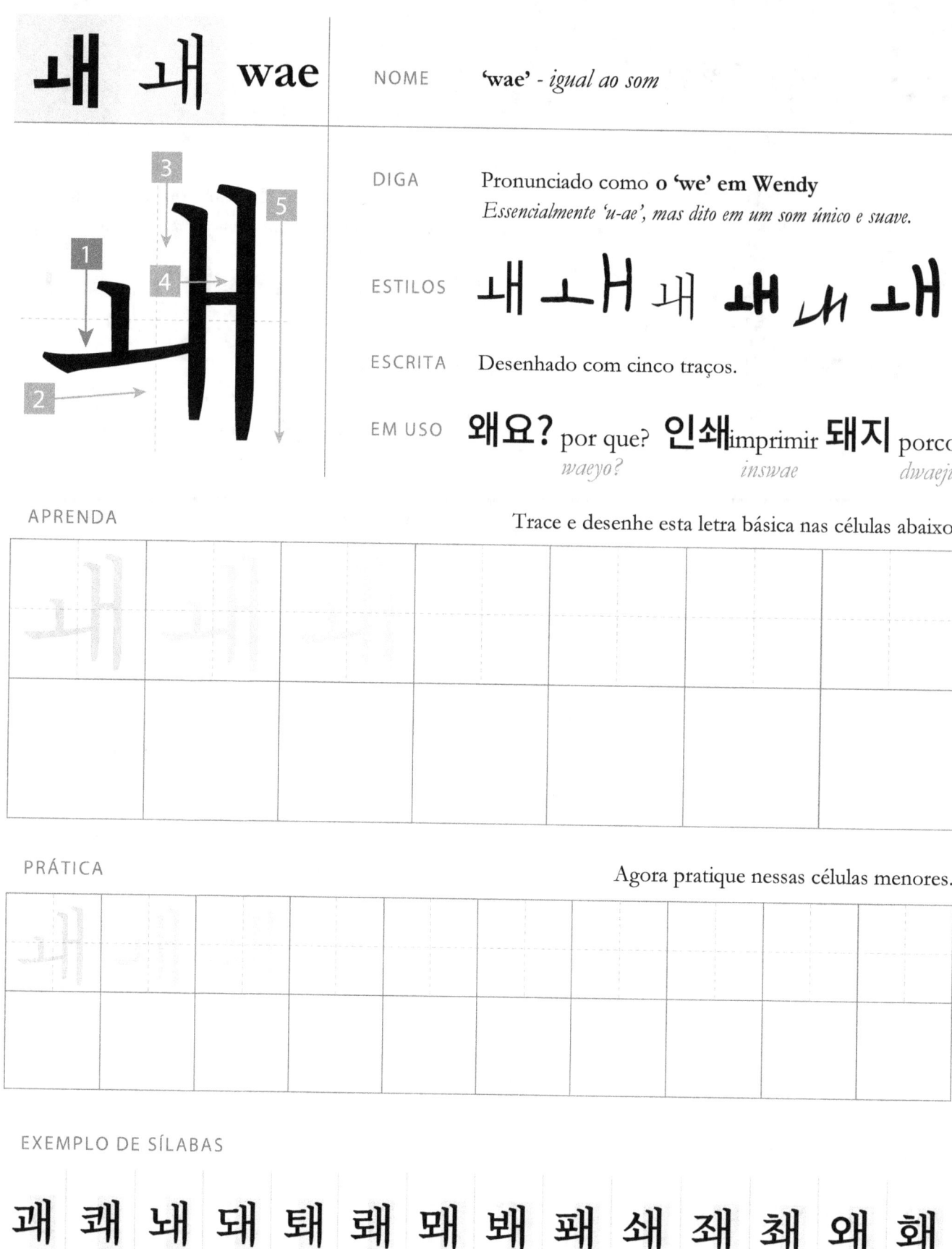

**DIGA**

Pronunciado como **o 'we' em Wendy**
*Essencialmente 'u-ae', mas dito em um som único e suave.*

**ESTILOS** 괘 괘 괘 괘 괘 괘

**ESCRITA** Desenhado com cinco traços.

**EM USO** **왜요?** por que? **인쇄**imprimir **돼지** porco
*waeyo?*      *inswae*     *dwaeji*

## APRENDA

Trace e desenhe esta letra básica nas células abaixo.

## PRÁTICA

Agora pratique nessas células menores.

## EXEMPLO DE SÍLABAS

| 괘 | 쾌 | 놰 | 돼 | 퇘 | 뢔 | 뫠 | 봬 | 퐤 | 쇄 | 좨 | 쵀 | 왜 | 홰 |
|---|---|---|---|---|---|---|---|---|---|---|---|---|---|
| gwae | kwae | nwae | dwae | twae | rwae | mwae | bwae | pwae | swae | jwae | chwae | wae | hwae |

 **wi**

| NOME | 'wi' - *igual ao som* |

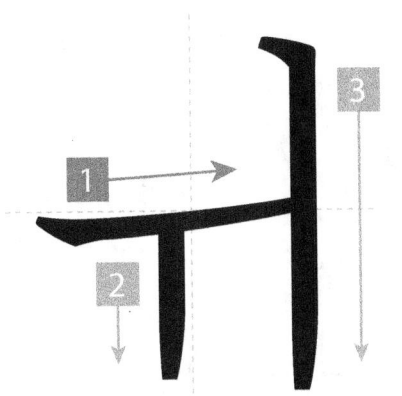

**DIGA** Pronunciado como **o 'uí' em uísque**
*Tem o som de 'oo-ii', mas dito em um som único e suave.*

**ESTILOS** ㅟ ㅟ ㅟ ㅟ ㅟ ㅟ

**ESCRITA** Feito com três traços.

**EM USO** 키위 kiwi   바퀴 roda   귀걸이 brinco
*kiwi*        *bakwi*        *gwigeoli*

## APRENDA

Trace e desenhe esta letra básica nas células abaixo.

## PRÁTICA

Agora pratique nessas células menores.

## EXEMPLO DE SÍLABAS

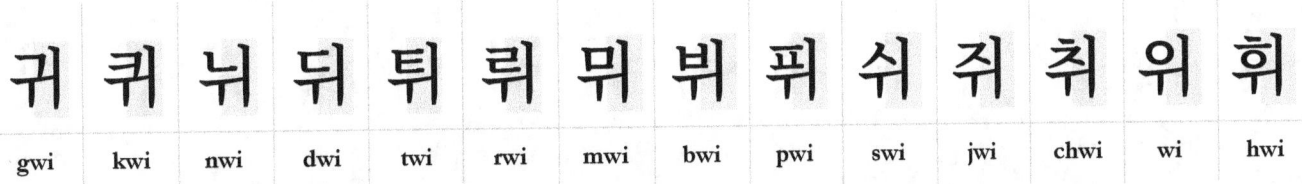

| 귀 | 퀴 | 뉘 | 뒤 | 튀 | 뤼 | 뮈 | 뷔 | 퓌 | 쉬 | 쥐 | 취 | 위 | 휘 |
|------|------|------|------|------|------|------|------|------|------|------|------|------|------|
| gwi | kwi | nwi | dwi | twi | rwi | mwi | bwi | pwi | swi | jwi | chwi | wi | hwi |

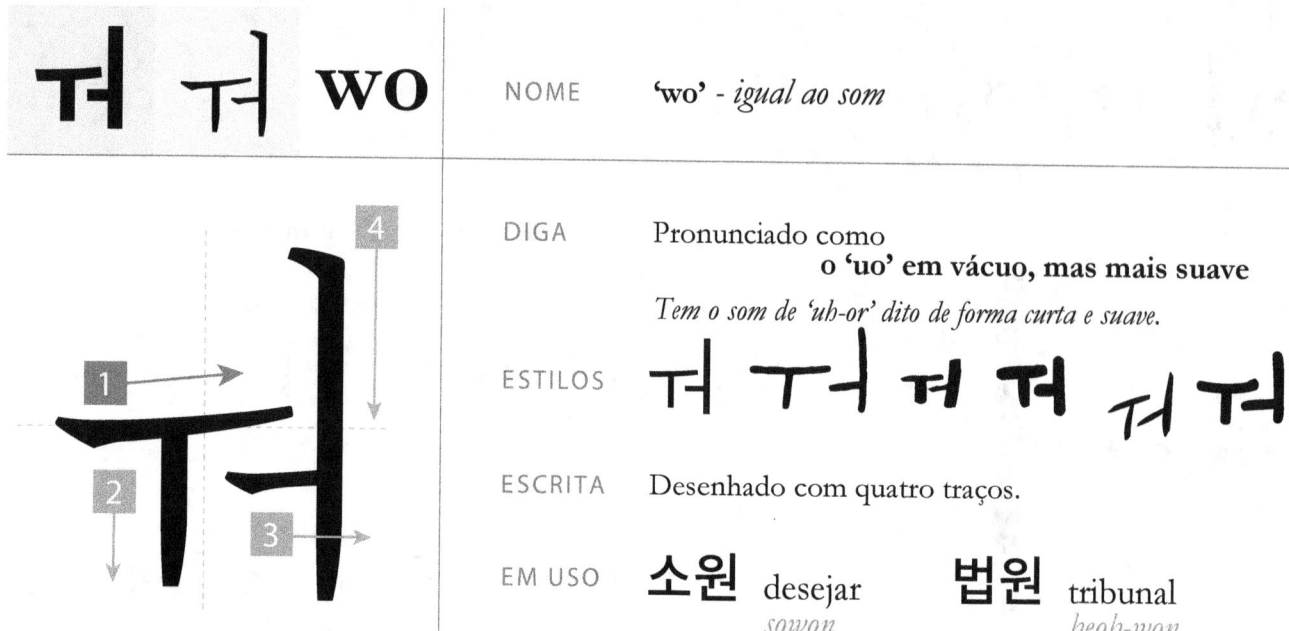

# 워 워 wo

| | |
|---|---|
| NOME | 'wo' - *igual ao som* |

DIGA — Pronunciado como **o 'uo' em vácuo, mas mais suave**

*Tem o som de 'uh-or' dito de forma curta e suave.*

ESTILOS — 워 워 워 워 워 워

ESCRITA — Desenhado com quatro traços.

EM USO — **소원** desejar *sowon*　　**법원** tribunal *beob-won*

## APRENDA

Trace e desenhe esta letra básica nas células abaixo.

## PRÁTICA

Agora pratique nessas células menores.

## EXEMPLO DE SÍLABAS

| 궈 | 쿼 | 눠 | 둬 | 퉈 | 뤄 | 뭐 | 붜 | 풔 | 숴 | 줘 | 춰 | 워 | 훠 |
|---|---|---|---|---|---|---|---|---|---|---|---|---|---|
| gwo | kwo | nwo | dwo | two | rwo | mwo | bwo | pwo | swo | jwo | chwo | wo | hwo |

 **we**

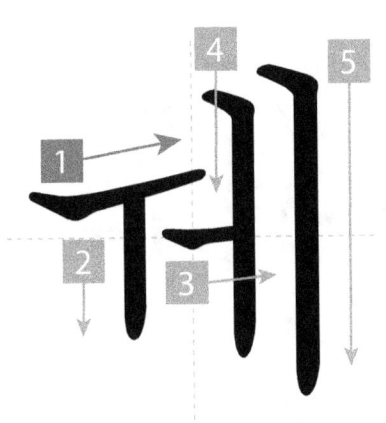

| | |
|---|---|
| NOME | **'we'** - *igual ao som* |
| DIGA | Pronunciado como **o 'ue' em sueco, mas mais suave** *Tem o som de 'u-eh' e é difícil de distinguir de* 외 *(oe)* |
| ESTILOS | 궤 궤 궤 궤 궤 궤 |
| ESCRITA | Desenhado com cinco traços. |
| EM USO | 웨딩 casamento *(aparece em poucas palavras)* *weding* |

APRENDA

Trace e desenhe esta letra básica nas células abaixo.

| | | | | | |
|---|---|---|---|---|---|
| 궤 | 궤 | | | | |
| | | | | | |

PRÁTICA

Agora pratique nessas células menores.

| | | | | | | | | | | | |
|---|---|---|---|---|---|---|---|---|---|---|---|
| 궤 | 궤 | | | | | | | | | | |
| | | | | | | | | | | | |

EXEMPLO DE SÍLABAS

| 궤 | 퀘 | 눼 | 뒈 | 퉤 | 뤠 | 뭬 | 붸 | 풰 | 쉐 | 줴 | 췌 | 웨 | 훼 |
|---|---|---|---|---|---|---|---|---|---|---|---|---|---|
| gwe | kwe | nwe | dwe | twe | rwe | mwe | bwe | pwe | swe | jwe | chwe | we | hwe |

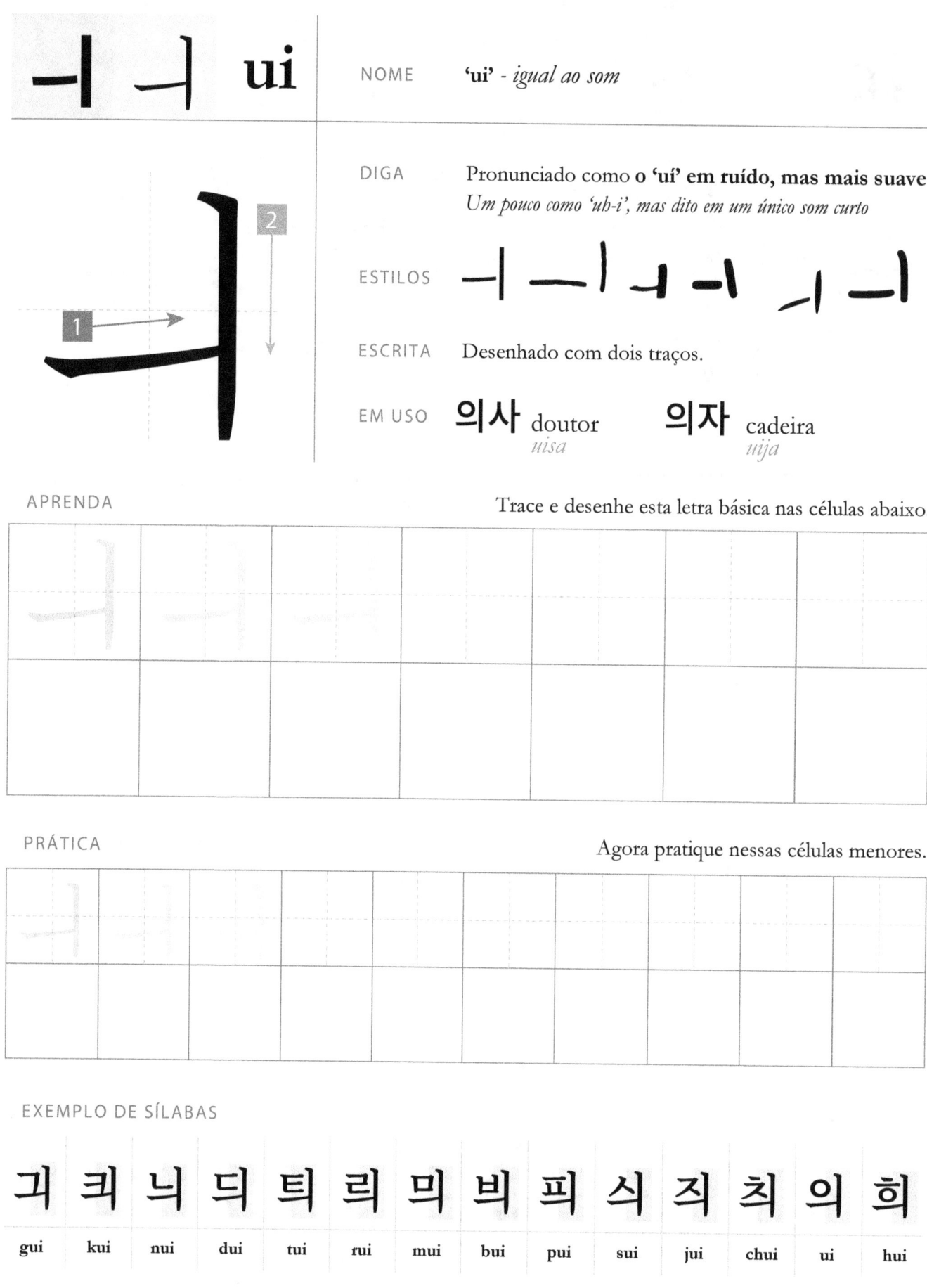

# ㅣ ㅣ ui

**NOME**    '**ui**' - *igual ao som*

**DIGA**    Pronunciado como o '**uí**' em **ruído, mas mais suave**
*Um pouco como 'uh-i', mas dito em um único som curto*

**ESTILOS**    ㅣ ㅣ ㅣ ㅣ ㅣ ㅣ

**ESCRITA**    Desenhado com dois traços.

**EM USO**    의사 doutor    의자 cadeira
        *uisa*             *uija*

## APRENDA

Trace e desenhe esta letra básica nas células abaixo.

## PRÁTICA

Agora pratique nessas células menores.

## EXEMPLO DE SÍLABAS

| 긔 | 킈 | 늬 | 듸 | 틔 | 릐 | 믜 | 븨 | 픠 | 싀 | 즤 | 츼 | 의 | 희 |
|---|---|---|---|---|---|---|---|---|---|---|---|---|---|
| gui | kui | nui | dui | tui | rui | mui | bui | pui | sui | jui | chui | ui | hui |

# ㄲ ㄲ gg

| NOME | 쌍기역 | ssang giyeok |
|---|---|---|

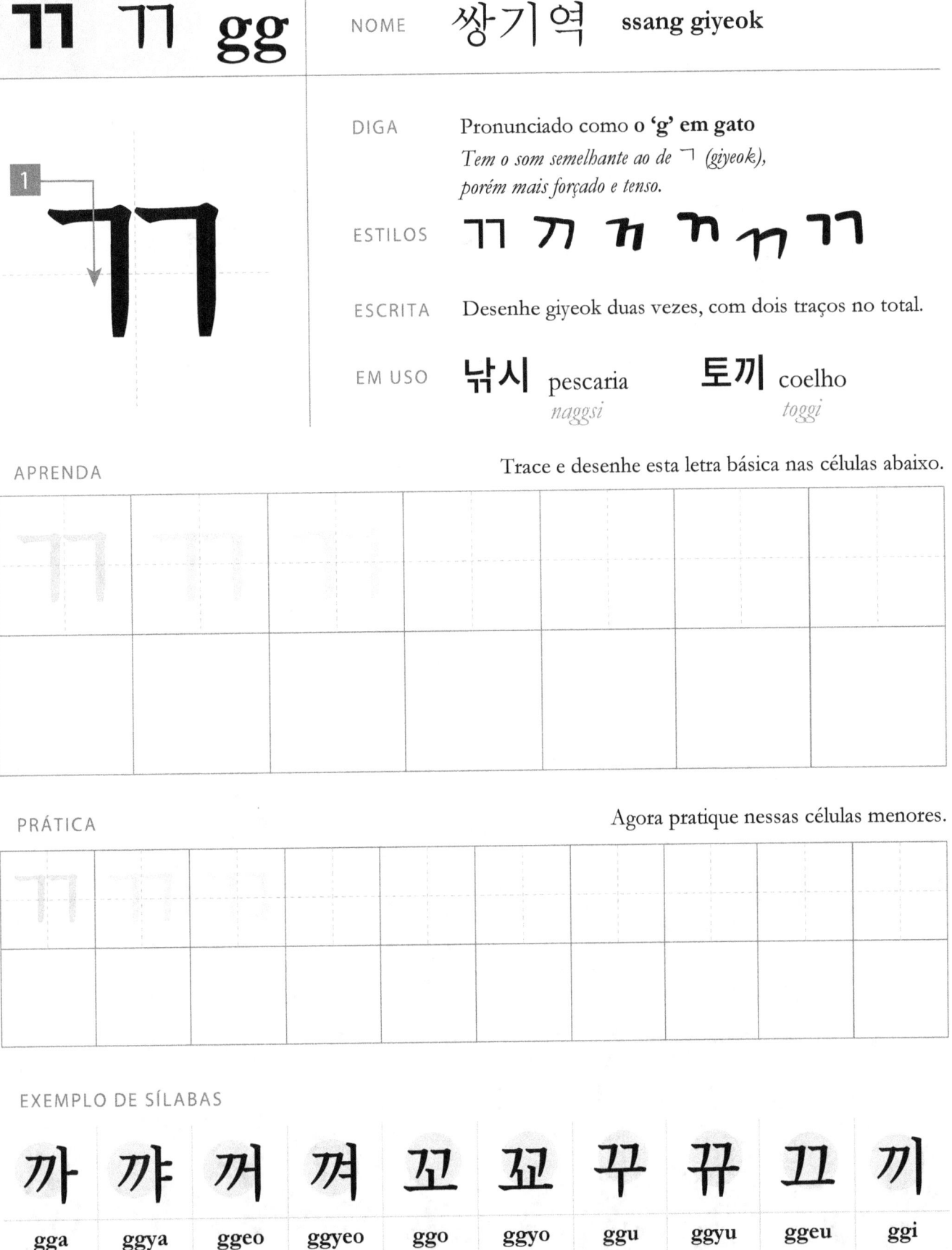

**DIGA**
Pronunciado como o 'g' em gato
*Tem o som semelhante ao de ㄱ (giyeok),*
*porém mais forçado e tenso.*

**ESTILOS**
ㄲ ㄲ ㄲ ㄲ ㄲ ㄲ

**ESCRITA**
Desenhe giyeok duas vezes, com dois traços no total.

**EM USO**
낚시 pescaria
*naggsi*

토끼 coelho
*toggi*

## APRENDA

Trace e desenhe esta letra básica nas células abaixo.

## PRÁTICA

Agora pratique nessas células menores.

## EXEMPLO DE SÍLABAS

| 까 | 꺄 | 꺼 | 껴 | 꼬 | 꾜 | 꾸 | 뀨 | 끄 | 끼 |
|---|---|---|---|---|---|---|---|---|---|
| gga | ggya | ggeo | ggyeo | ggo | ggyo | ggu | ggyu | ggeu | ggi |

# ㄸ ㄸ dd

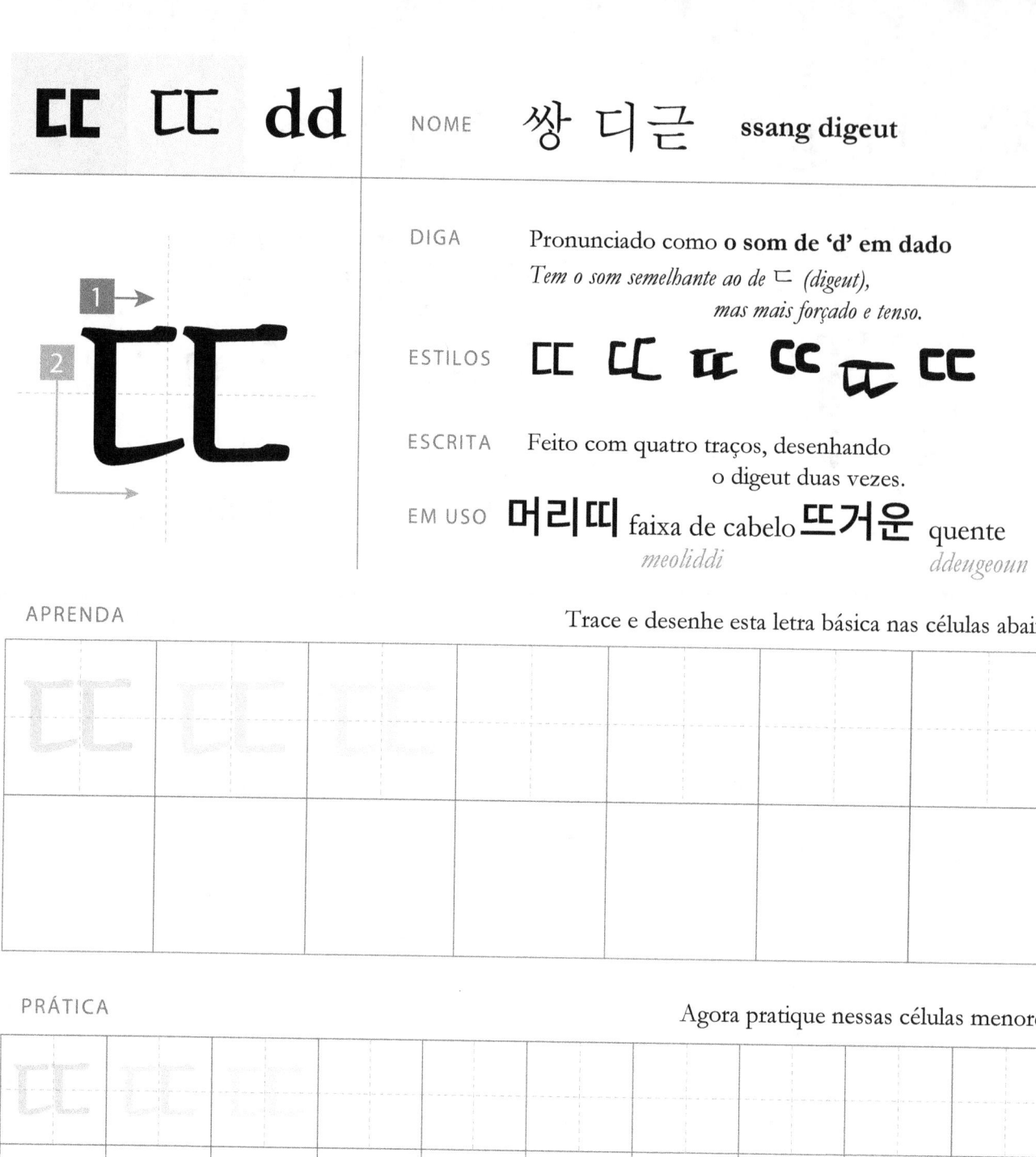

| NOME | 쌍 디귿 | **ssang digeut** |
|------|--------|------------------|

**DIGA** — Pronunciado como **o som de 'd' em dado**
*Tem o som semelhante ao de ㄷ (digeut),*
*mas mais forçado e tenso.*

**ESTILOS** — ㄸ ㄸ ㄸ ㄸ ㄸ ㄸ

**ESCRITA** — Feito com quatro traços, desenhando
o digeut duas vezes.

**EM USO** — 머리띠 faixa de cabelo  뜨거운 quente
*meoliddi*  *ddeugeoun*

## APRENDA

Trace e desenhe esta letra básica nas células abaixo.

## PRÁTICA

Agora pratique nessas células menores.

## EXEMPLO DE SÍLABAS

| 따 | 땨 | 떠 | 뎌 | 또 | 뚀 | 뚜 | 뜌 | 뜨 | 띠 |
|----|----|----|----|----|----|----|----|----|----|
| dda | ddya | ddeo | ddyeo | ddo | ddyo | ddu | ddyu | ddeu | ddi |

# ㅃ ㅃ bb

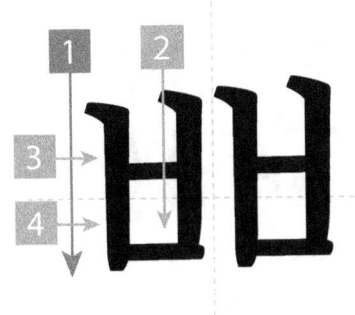

**DIGA** Pronunciado como o '**b**' em banana.
*Tem o som semelhante ao de* ㅂ *(bieup),
porém mais forçado e tenso.*

**ESTILOS** ㅃ ㅃ ㅃ ㅃ ㅃ ㅃ

**ESCRITA** Desenhe bieup duas vezes, com oito traços no total.

**EM USO** 빵 pão          빠른 rápido          바쁜 ocupado
*bbang*          *bbaleun*          *babbeun*

## APRENDA

Trace e desenhe esta letra básica nas células abaixo.

## PRÁTICA

Agora pratique nessas células menores.

## EXEMPLO DE SÍLABAS

| 빠 | 빠 | 뻐 | 뼈 | 뽀 | 뾰 | 뿌 | 쀼 | 쁘 | 삐 |
|----|----|-----|------|-----|------|-----|------|------|-----|
| bba | bba | bbeo | bbyeo | bbo | bbyo | bbu | bbyu | bbeu | bbi |

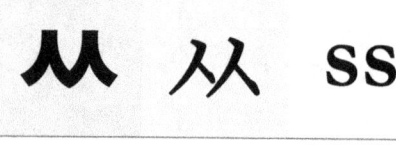 **SS**

| NOME | 쌍 시옷 **ssang siot** |
| --- | --- |

**DIGA** Pronunciado como **o som de 's-', com força no início.**
*Tem o som semelhante ao de ㅅ (sitt), mas tensionado.*

**ESTILOS**

**ESCRITA** Escreva siot duas vezes, com quatro traços no total.

**EM USO** 비싼 caro *bissan*       싼 barato *ssan*

## APRENDA

Trace e desenhe esta letra básica nas células abaixo.

## PRÁTICA

Agora pratique nessas células menores.

## EXEMPLO DE SÍLABAS

| 싸 | 쌰 | 써 | 쎠 | 쏘 | 쑈 | 쑤 | 쓔 | 쓰 | 씨 |
| --- | --- | --- | --- | --- | --- | --- | --- | --- | --- |
| ssa | ssya | sseo | ssyeo | sso | ssyo | ssu | ssyu | sseu | ssi |

# ㄸ ㄸ jj

| NOME | 쌍 지읒 *ssang jieut* |

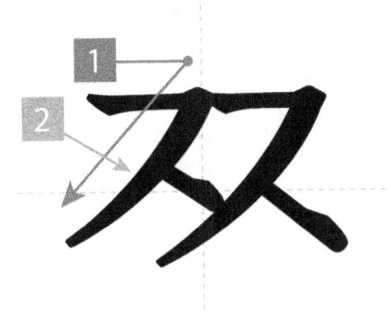

| DIGA | Pronunciado como o '**j**' em **joia**, com força no início |
| | *Tem o som semelhante ao de ㅈ (jieut), mas mais tenso.* |

| ESTILOS | ㄸ ㄸ **ㄸ** **ㄸ** ㄸ **ㄸ** |

| ESCRITA | Desenhe jieut duas vezes, usando quatro traços no total. |

| EM USO | **찌개** sopa          **짜다** salgado |
| | *jjigae*                *jjada* |

## APRENDA

Trace e desenhe esta letra básica nas células abaixo.

## PRÁTICA

Agora pratique nessas células menores.

## EXEMPLO DE SÍLABAS

| 짜 | 쨔 | 쩌 | 쪄 | 쪼 | 쬬 | 쭈 | 쮸 | 쯔 | 찌 |
|----|----|----|----|----|----|----|----|----|----|
| jja | jjya | jjeo | jjyeo | jjo | jjyo | jju | jjyu | jjeu | jji |

| ㄱ | | | | | | | | |
| ㅋ | | | | | | | | |
| ㄴ | | | | | | | | |
| ㄷ | | | | | | | | |
| ㅌ | | | | | | | | |
| ㄹ | | | | | | | | |

| ㅁ | | | | | | | | |
| ㅂ | | | | | | | | |
| ㅍ | | | | | | | | |
| ㅅ | | | | | | | | |
| ㅈ | | | | | | | | |
| ㅊ | | | | | | | | |

NOTA: OS EXEMPLOS SÃO PARA A PRÁTICA DE ESCRITA E PODEM NÃO SER COMUNS

Combine essas consoantes com vogal    에 예

ㄱ

ㅋ

ㄴ

ㄷ

ㅌ

ㄹ

PRÁTICA    Combine essas consoantes com vogal    예 예    DESCREVA O SOM

ㅁ

ㅂ

ㅍ

ㅅ

ㅈ

ㅊ

*(Ver Tabelas de referência - página 123)*

Combine essas consoantes com vogal **외 외**

| ㄱ | | | | | | | | |
|---|---|---|---|---|---|---|---|---|
| ㅋ | | | | | | | | |
| ㄴ | | | | | | | | |
| ㄷ | | | | | | | | |
| ㅌ | | | | | | | | |
| ㄹ | | | | | | | | |

PRÁTICA   Combine essas consoantes com vogal **와 와**

| ㅁ | | | | | | | | |
|---|---|---|---|---|---|---|---|---|
| ㅂ | | | | | | | | |
| ㅍ | | | | | | | | |
| ㅅ | | | | | | | | |
| ㅈ | | | | | | | | |
| ㅊ | | | | | | | | |

NOTA: OS EXEMPLOS SÃO PARA A PRÁTICA DE ESCRITA E PODEM NÃO SER COMUNS

Combine essas consoantes com vogal **왜 왜**

| ㄱ | | | | | | | | | |
| ㅋ | | | | | | | | | |
| ㄴ | | | | | | | | | |
| ㄷ | | | | | | | | | |
| ㅌ | | | | | | | | | |
| ㄹ | | | | | | | | | |

Combine essas consoantes com vogal **위 위**

| ㅁ | | | | | | | | | |
| ㅂ | | | | | | | | | |
| ㅍ | | | | | | | | | |
| ㅅ | | | | | | | | | |
| ㅈ | | | | | | | | | |
| ㅊ | | | | | | | | | |

*(Ver Tabelas de referência - página 123)*

Combine essas consoantes com vogal **워 워**

| ㄱ | | | | | | | | | |
|---|---|---|---|---|---|---|---|---|---|
| ㅋ | | | | | | | | | |
| ㄴ | | | | | | | | | |
| ㄷ | | | | | | | | | |
| ㅌ | | | | | | | | | |
| ㄹ | | | | | | | | | |

PRÁTICA Combine essas consoantes com vogal **웨 웨**     DESCREVA O SOM

| ㅁ | | | | | | | | | |
|---|---|---|---|---|---|---|---|---|---|
| ㅂ | | | | | | | | | |
| ㅍ | | | | | | | | | |
| ㅅ | | | | | | | | | |
| ㅈ | | | | | | | | | |
| ㅊ | | | | | | | | | |

NOTA: OS EXEMPLOS SÃO PARA A PRÁTICA DE ESCRITA E PODEM NÃO SER COMUNS

Combine essas consoantes com vogal    **의 의**    | DESCREVA O SOM

| ㄱ | | | | | | | | |
|---|---|---|---|---|---|---|---|---|
| ㅋ | | | | | | | | |
| ㄴ | | | | | | | | |
| ㄷ | | | | | | | | |
| ㅌ | | | | | | | | |
| ㄹ | | | | | | | | |

PRÁTICA    Combine as vogais abaixo com uma inicial    **ㄲ ㄲ**    DESCREVA O SOM

| 야 | | | | | | | | |
|---|---|---|---|---|---|---|---|---|
| 요 | | | | | | | | |
| 오 | | | | | | | | |
| 이 | | | | | | | | |
| 유 | | | | | | | | |
| 어 | | | | | | | | |

*(Ver Tabelas de referência - página 123)*

| 아 | | | | | | | | | |
|---|---|---|---|---|---|---|---|---|---|
| 우 | | | | | | | | | |
| 으 | | | | | | | | | |
| 여 | | | | | | | | | |
| 애 | | | | | | | | | |
| 왜 | | | | | | | | | |

| 외 | | | | | | | | | |
|---|---|---|---|---|---|---|---|---|---|
| 애 | | | | | | | | | |
| 위 | | | | | | | | | |
| 예 | | | | | | | | | |
| 여 | | | | | | | | | |
| 유 | | | | | | | | | |

NOTA: OS EXEMPLOS SÃO PARA A PRÁTICA DE ESCRITA E PODEM NÃO SER COMUNS

Combine as vogais abaixo com uma inicial **从  从**        DESCREVA O SOM

| 야 | | | | | | | | |
|---|---|---|---|---|---|---|---|---|
| 요 | | | | | | | | |
| 오 | | | | | | | | |
| 이 | | | | | | | | |
| 유 | | | | | | | | |
| 어 | | | | | | | | |

PRÁTICA   Combine as vogais abaixo com uma inicial **及  双**        DESCREVA O SOM

| 위 | | | | | | | | |
|---|---|---|---|---|---|---|---|---|
| 야 | | | | | | | | |
| 유 | | | | | | | | |
| 왜 | | | | | | | | |
| 여 | | | | | | | | |
| 의 | | | | | | | | |

*(Ver Tabelas de referência - página 123)*

**1**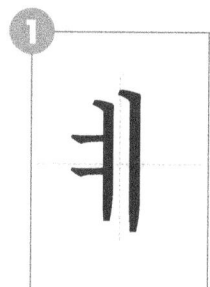

Esta letra tem o som de __ ?

A. o **'é'** em égua

B. **'uo'** em vácuo

C. o **'g'** em gato

D. o **'iê'** em 'Têmen'

**2** Quantos ditongos existem no Hangul?

A. **10**  B. **11**

C. **12**  D. **13**

**3** Quais destes blocos silábicos estão errados?

**4** Escolha a grafia correta de **kiwi**:

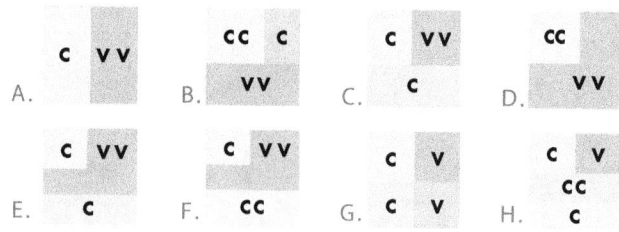

A. 그외  B. 지위

C. 키위  D. 끼외

**5**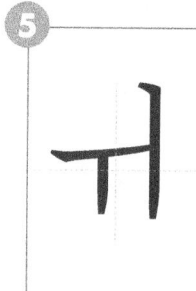

Esta letra tem o som de ___ ?

A. **'uí'** em uísque

B. **'we'** em Wendy

C. **'uo'** em vácuo

D. **'uai'** em atuais

**6**

Quantos traços são necessários para desenhar este caractere?

*Você pode desenhar a ordem na imagem?*

A. **6**  B. **8**

C. **10**  D. **12**

**7** ____ é pronunciada como um som de 'ae'?

A. ㅖ  B. ㅒ

C. ㅐ  D. ㅔ

**8** Qual dessas consoantes duplas tem o som de 'b' em banana?

A.  B.  C.  D.

**9** Você consegue descobrir o que **컴퓨터**

A. **comediante**  B. **comandante**

C. **computador**  D. **companhia**

**10** Você pode escrever **hangeul**?

*(Ver respostas - página 128)*

# Parte 5

## CONSOANTES FINAIS E COMPLEXAS

# 받침

## CONSOANTES 'FINAIS'

Nós comentamos brevemente sobre 받침 batchim (consoantes finais) anteriormente ao cobrirmos a construção das sílabas. São simplesmente consoantes que possuem uma pronúncia diferente quando estão no final de uma sílaba. Qualquer sílaba que tenha pelo menos 3 letras pode ter 받침 e podem ser letras simples ou duplas.

Por ser um recurso exclusivo do idioma coreano, as 받침 são difíceis de explicar completamente em português, por isso não é nenhuma surpresa que elas sejam frequentemente um dos conceitos mais difíceis de serem compreendidos por iniciantes. Vamos tentar simplificar neste capítulo.

## BATCHIM & GYEOBBATCHIM

As 받침 de letra única parecem consoantes regulares, mas têm a pronúncia alterada. Duas consoantes que ocupam a parte debaixo de uma sílaba são chamadas de **gyeobbatchim** 겹받침 *(consoantes duplas finais).*

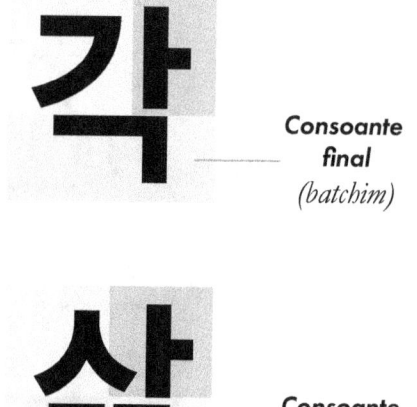

Consoante
final
*(batchim)*

Consoante
dupla final
*(gyeobbatchim)*

As 겹받침 são **11 novas combinações de consoantes** para aprender, feitas novamente com as letras básicas: ㄳ ㄵ ㄶ ㄺ ㄻ ㄼ ㄽ ㄾ ㄿ ㅀ e ㅄ. Ao contrário das consoantes duplas 'combinadas' que aprendemos anteriormente, estas letras são **usadas apenas no final de uma sílaba** e nunca em nenhum outro lugar

*Com o objetivo de simplificar, a maneira mais fácil de explicar as* 받침 *é que elas são* todas pronunciadas de uma das sete maneiras - usando os sons associados a sete consoantes básicas do Hangul: ㄱ ㄴ ㄷ ㄹ ㅁ ㅂ e ㅇ (ver tabela na página 99).

## DICA IMPORTANTE!

A maneira como pronunciamos os sons das consoantes finais requer atenção e prática extras. Na nossa própria língua, consoantes como '-p' em 'pato' geralmente são **aspirados**, com um pequeno sopro de ar pela boca. As letras das 받침 não são pronunciadas desta maneira em coreano - pratique suprimir a liberação de ar para pronunciar as 받침 com mais precisão.

As consoantes complexas de 겹받침 possuem duas letras, mas geralmente pronunciamos apenas uma delas - depende se a sílaba está unida a outra ou não, e se a sílaba seguinte começa com uma vogal ou consoante.

Quando estão no final de uma palavra ou seguidas de uma sílaba que comece com consoante, pronuncie apenas o primeiro som das letras ㄳ ㄵ ㄶ ㄹ ㄽ ㄾ ㅀ e ㅄ. Em vez disso, para as letras restantes ㄺ ㄻ e ㄿ, pronunciamos apenas o segundo som. Será mais fácil lembrar as três letras para as quais pronunciamos a segunda consoante do que memorizar todas as letras!

Uma regra diferente se aplica a todas as 받침 simples e duplas que são seguidas por uma vogal inicial adjacente. Os sons começam a ser carregados de uma sílaba para a próxima, criando sons mais suaves e facilitando a pronúncia. *Não se preocupe - vamos aprender mais sobre isso mais adiante!*

Este é o último grupo de letras que precisamos aprender:

| ㄳ ㄳ k | | |
|---|---|---|
| | DIGA | Pronuncie a **primeira** letra com o som *final* de ㄱ |
| **ㄳ** | ESTILOS | ㄳ ㄳ ㄳ ㄳ ㄳ ㄳ |
| | ESCRITA | Desenhe **giyeok + siot** com 3 traços no total. |
| | EM USO | 삯 salário    몫 compartilhar |
| | | *sags*    *mogs* |

PRÁTICA                          Trace e desenhe esta letra básica nas células abaixo.

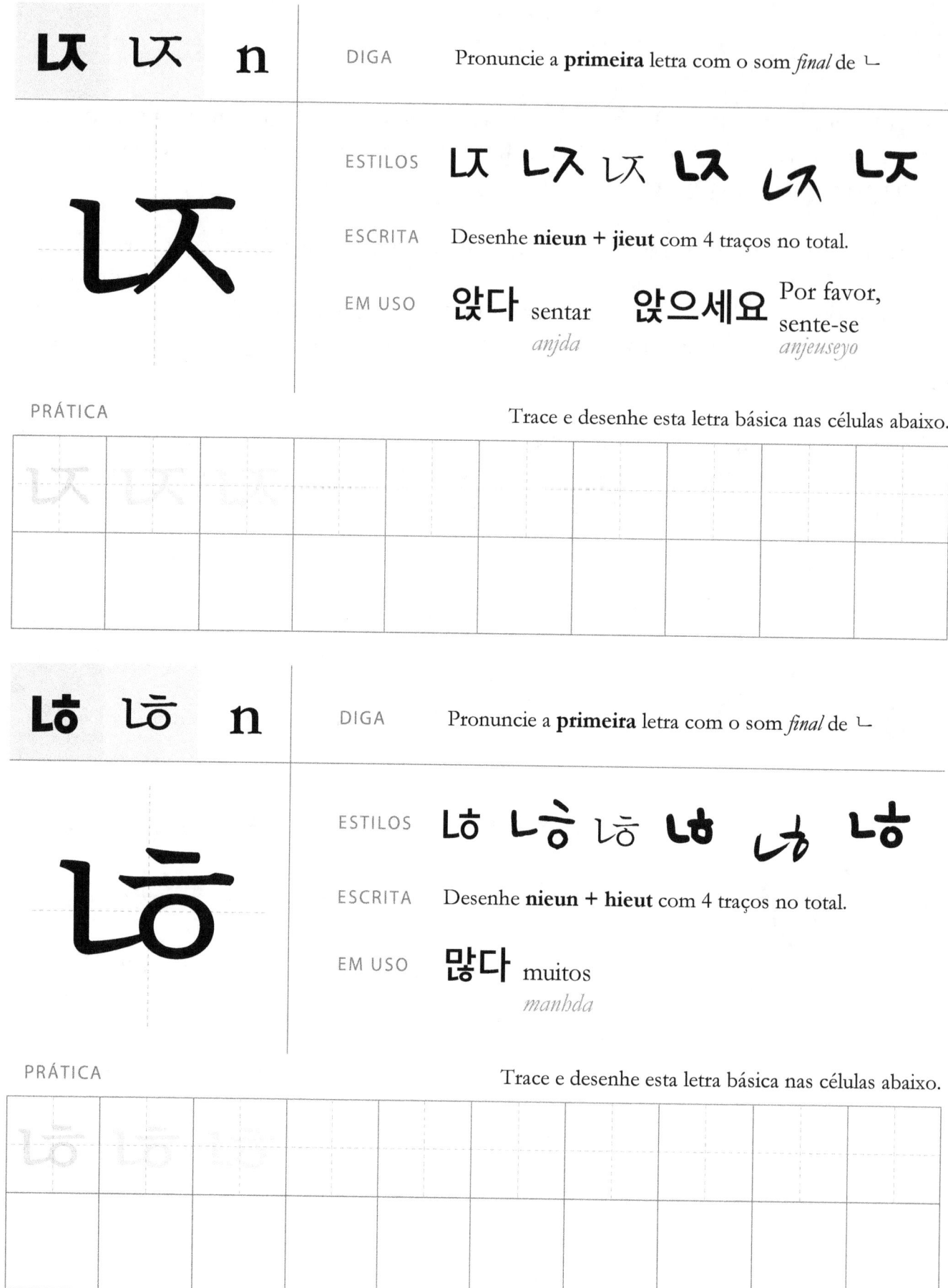

ㄵ ㄵ **n**

DIGA — Pronuncie a **primeira** letra com o som *final* de ㄴ

ㄴㅈ

ESTILOS — ㄵ ㄴㅈ ㄵ ㄴㅈ ㄴㅈ ㄴㅈ

ESCRITA — Desenhe **nieun + jieut** com 4 traços no total.

EM USO —
앉다 sentar
*anjda*

앉으세요 Por favor, sente-se
*anjeuseyo*

PRÁTICA — Trace e desenhe esta letra básica nas células abaixo.

---

ㄶ ㄶ **n**

DIGA — Pronuncie a **primeira** letra com o som *final* de ㄴ

ㄴㅎ

ESTILOS — ㄶ ㄴㅎ ㄶ ㄴㅎ ㄴㅎ ㄴㅎ

ESCRITA — Desenhe **nieun + hieut** com 4 traços no total.

EM USO —
많다 muitos
*manhda*

PRÁTICA — Trace e desenhe esta letra básica nas células abaixo.

**리 리 k**

DIGA Pronuncie a **segunda** letra com o som *final* de ㄱ

ESTILOS 리 리ㄱ 리 리 리 리

ESCRITA Desenhe **rieul + giyeok** com 4 traços no total.

EM USO 읽다 ler 닭이 galinhas
ilgda dalgi

PRÁTICA Trace e desenhe esta letra básica nas células abaixo.

**리ㅁ 리ㅁ m**

DIGA Pronuncie a **segunda** letra com o som *final* de ㅁ

ESTILOS 리ㅁ 리ㅁ 리ㅁ 리ㅁ 리ㅁ 리ㅁ

ESCRITA Desenhe **rieul + mieum** com 6 traços no total.

EM USO 삶 vida 젊다 jovem
salm jeolmda

PRÁTICA Trace e desenhe esta letra básica nas células abaixo.

# 랩 래 1

**DIGA** — Pronuncie a **primeira** letra com o som *final* de ㄹ

## 래

**ESTILOS** — 래 ㄹㅂ 래 래 래 ㄹㅂ

**ESCRITA** — Desenhe **rieul + bieup** com 7 traços no total.

**EM USO** — 짧은 curto   넓다 amplo, espaçoso
*jjalbeun*   *neolbda*

**PRÁTICA** — Trace e desenhe esta letra básica nas células abaixo.

# 럈 럳 1

**DIGA** — Pronuncie a **primeira** letra com o som *final* de ㄹ

## ㄹㅅ

**ESTILOS** — 럳 ㄹㅅ 럳 럳 럳 ㄹㅅ

**ESCRITA** — Desenhe **rieul + siot** com 5 traços no total.

**EM USO** — 외곬 fora
*oegols*

**PRÁTICA** — Trace e desenhe esta letra básica nas células abaixo.

| ㄹㅌ | ㄹㅌ | 1 | DIGA | Pronuncie a **primeira** letra com o som *final* de ㄹ |
|---|---|---|---|---|

**ㄹㅌ**

ESTILOS    ㄹㅌ   ㄹㅌ   ㄹㅌ   ㄹㅌ   ㄹㅌ   ㄹㅌ

ESCRITA    Desenhe **rieul + tieut** com 6 traços no total.

EM USO    **핥**다 lamber

*haltda*

PRÁTICA        Trace e desenhe esta letra básica nas células abaixo.

| ㄹㅌ | ㄹㅌ | ㄹㅌ | | | | | | | |
|---|---|---|---|---|---|---|---|---|---|
| | | | | | | | | | |

---

| ㄹㅍ | ㄹㅍ | p | DIGA | Pronuncie a **segunda** letra com o som *final* de ㅂ |
|---|---|---|---|---|

**ㄹㅍ**

ESTILOS    ㄹㅍ   ㄹㅍ   ㄹㅍ   ㄹㅍ   ㄹㅍ   ㄹㅍ

ESCRITA    Desenhe **rieul + pieup** com 7 traços no total.

EM USO    **읊**다 recitar

*eulpda*

PRÁTICA        Trace e desenhe esta letra básica nas células abaixo.

| ㄹㅍ | ㄹㅍ | ㄹㅍ | | | | | | | |
|---|---|---|---|---|---|---|---|---|---|
| | | | | | | | | | |

# 랑 랑 1

**DIGA** Pronuncie a **primeira** letra com o som *final* de ㄹ

**ESTILOS** 랑 ㄹㅎ 랑 **랑** 랑 랑

**ESCRITA** Desenhe **rieul + hieut** com 6 traços no total.

**EM USO** 끓다 ferver (*um líquido*) 잃다 perder
*kkeulhda* *ilhda*

## PRÁTICA

Trace e desenhe esta letra básica nas células abaixo.

# ㅄ ㅄ p

**DIGA** Pronuncie a **primeira** letra com o som *final* de ㅂ

**ESTILOS** ㅄ ㅂㅅ ㅄ **ㅄ** ㅄ ㅄ

**ESCRITA** Desenhe **bieup + siot** com 6 traços no total.

**EM USO** 값을 preço 없다 não existir
*gabseul* *eobsda*

## PRÁTICA

Trace e desenhe esta letra básica nas células abaixo.

| | | | | | |
|---|---|---|---|---|---|
| ㄱ + 아 + ㄳ | | | | | |
| ㅁ + 요 + ㄵ | | | | | |
| ㅂ + 우 + ㄶ | | | | | |
| ㄲ + 이 + ㄺ | | | | | |
| ㅍ + 애 + ㄻ | | | | | |
| ㅅ + 에 + ㄿ | | | | | |
| ㅈ + 야 + ㄽ | | | | | |
| ㅃ + 어 + ㄾ | | | | | |
| ㅊ + 유 + ㄿ | | | | | |
| ㅌ + 여 + ㅀ | | | | | |
| ㄹ + 오 + ㅄ | | | | | |
| ㄷ + 애 + ㄵ | | | | | |
| ㅋ + 으 + ㄿ | | | | | |
| ㅆ + 우 + ㄿ | | | | | |

*(Ver respostas - página 127)*

| | | | | | | |
|---|---|---|---|---|---|---|
| ㅍ + 야 + ㄺ | | | | | | |
| ㅂ + 애 + ㄼ | | | | | | |
| ㄹ + 와 + ㄳ | | | | | | |
| ㅈ + 유 + ㄽ | | | | | | |
| ㅃ + 야 + ㄿ | | | | | | |
| ㄴ + 왜 + ㄲ | | | | | | |
| ㅎ + 오 + ㅀ | | | | | | |
| ㅂ + 이 + ㅄ | | | | | | |
| ㅁ + 위 + ㄳ | | | | | | |
| ㄸ + 아 + ㄼ | | | | | | |
| ㅅ + 우 + ㄽ | | | | | | |
| ㄴ + 워 + ㄵ | | | | | | |
| ㅉ + 왜 + ㄶ | | | | | | |
| ㄷ + 예 + ㄺ | | | | | | |

NOTA: OS EXEMPLOS SÃO PARA A PRÁTICA DE ESCRITA E PODEM NÃO SER COMUNS

| | | | | | | |
|---|---|---|---|---|---|---|
| ㄱ + 예 + ㄾ | | | | | | |
| ㄲ + 와 + ㄼ | | | | | | |
| ㅁ + 으 + ㄲ | | | | | | |
| ㅋ + 야 + ㄽ | | | | | | |
| ㅈ + 애 + ㄾ | | | | | | |
| ㅃ + 요 + ㄿ | | | | | | |
| ㅊ + 아 + ㅀ | | | | | | |
| ㅌ + 유 + ㄾ | | | | | | |
| ㅂ + 왜 + ㅄ | | | | | | |
| ㅍ + 오 + ㄵ | | | | | | |
| ㄹ + 의 + ㄶ | | | | | | |
| ㄷ + 이 + ㄺ | | | | | | |
| ㅋ + 애 + ㄺ | | | | | | |
| ㅎ + 요 + ㄳ | | | | | | |

*(Ver respostas - página 127*

*Vamos testar sua memória!*

**1**

# 낚

Que som ㄲ faz?

A. De '**g**' em gato
B. De '**k**' em ski
C. De '**ti**' em jabuti
D. De '**s**' em sentar

**2** Quantos caracteres de 겹받침 existem?

A. **7**   B. **9**
C. **11**   D. **13**

**3** Para qual 겹받침 pronunciamos a segunda letra no final de uma palavra?

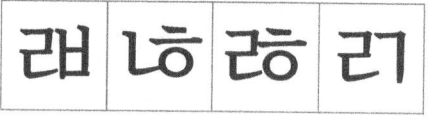

A.   B.   C.   D.

**4** Existem ___ sons simplificados de 받침?

A. **8**   B. **7**
C. **6**   D. **5**

**5**

# 외곬

Que som ㄹ faz?

A. De '**m**' em mãe
B. De '**s**' em sino
C. De '**l**' em lago
D. Sem som

**6**

# 닭

Que som 리 faz?

A. De '**g**' em gato
B. De '**k**' em ski
C. De '**l**' em lago
D. De '**r**' em roupa

**7** A **pronúncia** correta de 맑게 é:

A. [말께]   B. [마께]
C. [말게]   D. [마게]

**8** Seguida por uma sílaba com vogal inicial, qual destas tem o som de '**k**' em kit?

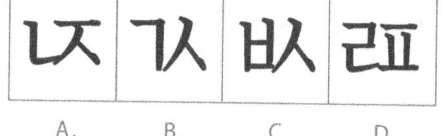

A.   B.   C.   D.

**9** A **pronúncia** correta de 값을 é:

A. [갓블]   B. [가블]
C. [가쁠]   D. [갑슬]

**10**

# 삶에

Que som ㄹ faz?

A. De '**m**' em mãe
B. De '**s**' em sino
C. De '**l**' em lago
D. Sem som

*(Ver respostas - página 128)*

# Parte 6

# REGRAS DE MUDANÇAS DE SOM

## MUDANÇAS DE SOM

As palavras coreanas geralmente são compostas por mais de um bloco de sílabas e as frases contêm naturalmente muito mais. Quando começamos a juntar as sílabas, certas combinações de letras produzem sons diferentes à medida que tentamos articulá-las - isso acontece quando nossa articulação se acelera durante uma conversa. Isto ocorre regularmente em nossa língua nativa, sem qualquer pensamento, mas é algo que precisamos aprender com um novo idioma e diferentes combinações de sons ou letras.

Para tornar a fala cotidiana mais natural e facilitar nossa pronúncia em geral, há uma série de **regras de mudanças de som** que precisamos aprender. As regras descrevem as mudanças que ocorrem onde essas combinações específicas de letras e sílabas se encontram, e as palavras escritas são soletradas de maneira diferente da forma como são pronunciadas na fala e na conversa.

---

Ao longo deste capítulo, veremos uma série de regras de mudanças de som que podem não ser totalmente relevantes para iniciantes. Este conteúdo vai parecer muito mais intenso do que nos capítulos anteriores, onde apenas aprendemos o alfabeto Hangul. Marque estas páginas para retornar quando se deparar com alguma pronúncia confusa.

A má notícia para os iniciantes é que essas regras simplesmente precisam ser memorizadas. Elas podem parecer numerosas e intimidadoras no início, mas, quando você entender onde são usadas e até mesmo colocá-las em prática, vai descobrir que elas vão te ajudar a pronunciar o coreano com mais naturalidade - podem até ajudar a desenvolver um sotaque mais nativo!

## ESCRITA VS. PRONÚNCIA

약 & 약 = *mesma pronúncia* | 짚 & 집 = *mesma pronúncia*

Aqueles que aprendem português como língua estrangeira encontram mudanças sonoras, desde a escrita até a pronúncia, em palavras que usamos todos os dias. Considere '*peão*' e '*pião*' - são palavras pronunciadas da mesma forma, mas claramente diferentes. Nós as diferenciamos pela forma como são escritas ou pelo contexto em que são ditas. A grafia deve ser mantida para que possamos entender a origem da palavra e qualquer significado mais profundo por trás dela.

## ASSIMILAÇÃO

É aqui que uma consoante final de uma sílaba interage com a letra inicial da sílaba seguinte, alterando o som de uma ou ambas. Isoladas, sílabas e letras agem exatamente como você espera, com os sons que você aprendeu que cada letra do Hangul representa. É quando são faladas juntas em palavras, em velocidade normal, que os sons são assimilados.

Algumas das regras são bastante amplas, enquanto outras podem ser bastante específicas, até mesmo ditando como apenas uma letra deve ser pronunciada em um cenário muito particular. Por exemplo, aqui está a primeira das muitas regras de mudança de som que vamos examinar juntos neste capítulo:

ㄴ + ㄹ OR ㄹ + ㄴ = ㄹ + ㄹ

연락 → 열락

*Escrita*　　　*Pronúncia*

**①** Quando as letras ㄴ e ㄹ se encontram entre as sílabas, pronunciamos ㄴ como um* som de ㄹ, emitindo um **som de L duplo** (ou '-ll'). Isso acontece de duas maneiras:

잘난 → 잘란

**②** Em contraste, quando duas letras ㄹ se encontram entre as sílabas, vamos sempre pronunciá-las como um **som de L único**.

Um exemplo de assimilação em português pode ser '*carro azul*' - diga em voz alta para si mesmo em uma frase como: '*Comprei um carro azul*'. Em uma conversa casual, raramente articularíamos todas as letras, ou seja, provavelmente soa mais próximo de '**carrazul**' do que de '*carro---azul*'.

O som assimilado é o som de '*rro-*' em '*carro*', assumindo um som mais de '*rra-*' à medida que passamos para a palavra '*azul*' com mais velocidade. Outro exemplo comum de fusão de sons é o de palavras que possuem as letras '*m-*' e '*b-*' adjacentes (como em '*bambu*'), pois os sons destas letras são articulados da mesma maneira com nossos lábios, o que torna a pronúncia mais fácil quando se fala em um ritmo mais rápido.

*\*\*Exceções se aplicam, mas estão além do escopo de um livro para iniciantes como este. Por exemplo, quando adicionamos um caractere a uma palavra existente e ㄴ + ㄹ se torna ㄴ + ㄴ.*

## RESSILABIFICAÇÃO

**A ressilabificação** é uma forma de assimilação que ocorre frequentemente em toda língua coreana, mudando a forma como as palavras escritas soam quando certas letras se encontram e interagem entre si. Estas regras são aplicadas de forma ampla, a menos que uma exceção seja indicada:

**1** Quando sílabas com 받침 são seguidas por uma sílaba que começa com som de vogal, **carregamos o som da consoante final.**

*Exceções:* sílabas terminadas com ㅇ *(ng)* não mudam ou carregam o som. Se uma sílaba termina com a letra ㅎ , o som de '-h' fica enfraquecido ou é praticamente eliminado*.

Lembrando que os blocos de sílabas que começam com uma vogal possuem a consoante ㅇ na frente, portanto, neste caso, o pronúncia de ㅇ é substituída. Primeiro, vamos examinar a palavra coreana para 'música':

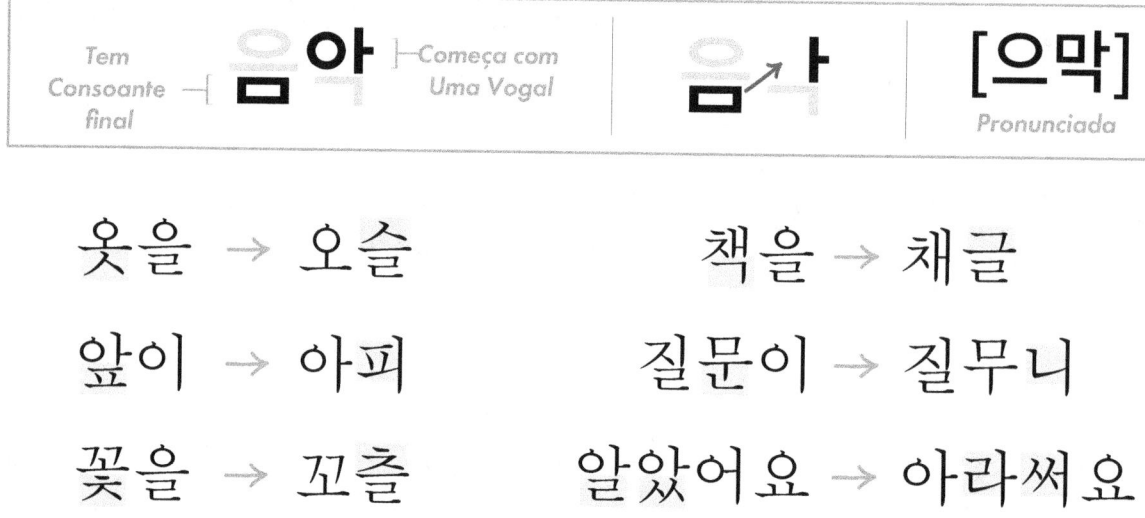

옷을 → 오슬          책을 → 채글

앞이 → 아피          질문이 → 질무니

꽃을 → 꼬츨          알았어요 → 아라써요

Você pode nunca ter percebido isso antes, mas praticamos a ressilabificação o tempo todo quando falamos português. Diga a frase 'muito obrigado' em voz alta para si mesmo. Você separou as duas palavras 'muito' e 'obrigado'? É provável que você tenha pronunciado algo como 'mui--tobrigado'. *Este é exatamente o mesmo conceito!*

---

*\*Podemos eliminar os sons de ㅎ entre as sílabas, mas se a letra ㅎ encontrar certas consoantes, ainda poderá afetar a maneira como pronunciamos as consoantes seguintes, fortalecendo-as ou aspirando-as - falaremos mais sobre isso em breve!*

As 겹받침 seguem algumas regras próprias especiais. Nem tudo isso será relevante para o iniciante de imediato, e as regras mais complexas serão aprendidas com o tempo. No entanto, é importante que você esteja pelo menos ciente delas por enquanto.

Geralmente, apenas uma das duas letras em uma 겹받침 deve ser ouvida quando sílabas de 4 letras são pronunciadas. **Normalmente é a primeira** das duas consoantes e aplica-se mais quando vemos a sílaba apresentada isoladamente. Aqui estão as outras regras básicas:

**2** Quando 받침 duplas são seguidas por sílabas começando com uma vogal, ambas as consoantes são pronunciadas - a letra dupla é dividida e carregamos o som da 2a consoante, substituindo efetivamente a letra ㅇ.

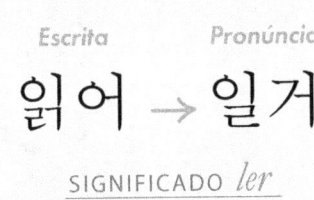

*Escrita*     *Pronúncia*

읽어 → 일거

SIGNIFICADO *ler*

값을 → 갑슬

SIGNIFICADO *preço, custo*

삶에 → 살메

SIGNIFICADO *vida, viver*

**3** Quando 겹받침 são seguidas por uma sílaba que começa com uma consoante, ou são a última sílaba de uma palavra, então pronunciamos **apenas uma das duas** consoantes.

Para ㄹㅁ, ㄹㅍ, e ㄹㄱ, *geralmente* pronunciamos a segunda consoante - para todas as outras consoantes duplas finais, pronunciamos o som da primeira das letras pequenas.

*Exceções: Se* ㄹㄱ é seguida por ㄱ como consoante inicial, pronunciamos o som de ㄹ sound instead.

넋 → 넉   |   값 → 갑   |   삶 → 삼

Lembre-se de que essas regras se aplicam apenas à pronúncia de sílabas e palavras. A escrita nunca muda - apenas a forma como dizemos certas combinações de letras em certas posições.

# NASALIZAÇÃO

Outra regra de assimilação que rege especificamente as combinações de letras pronunciadas com som nasal. Quaisquer consoantes seguidas de letras com sons nasais, ㄴ e ㅁ (*sons '-n' e '-m'*), também são convertidas em sons mais nasais.

Criamos uma tabela (*abaixo*) resumindo as diversas mudanças de som para referência. Alguns exemplos são fornecidos para te ajudar a identificar mudanças de som, mas a prática é a chave:

| Consoante final conforme escrita | Seguida pela letra: | Som assimilado, batchim para nasal | Mudança de pronúncia com exemplo de palavra |
|---|---|---|---|
| ㄱ ㅋ ㄲ | + ㄴ | ㄱ → ㅇ | 죽는 → 숭는 |
| ㄱ | + ㅁ | ㄱ → ㅇ | 국물 → 궁물 |
| ㅂ ㅍ | + ㄴ | ㅂ → ㅁ | 밥맛 → 밤맛 |
| ㅂ ㅍ | + ㅁ | ㅂ → ㅁ | 앞문 → 암문 |
| ㄷ ㅌ ㅈ ㅊ ㅅ ㅆ ㅎ | + ㄴ<br>+ ㅁ | ㄷ → ㄴ | 몇년 → 면년<br>있는 → 인는<br>듣는 → 든는 |

Por ocorrerem naturalmente com palavras em português, é fácil esquecer de regras como estas à medida que você aprende um novo idioma e, em vez disso, pronunciar sílabas com a fonética exata para cada letra. Sem aplicar as regras acima, sua pronúncia coreana pode ficar estranha e muito longe de ser nativa, *então certamente vale a pena memorizá-las adequadamente!*

## PALATALIZAÇÃO

A palatalização ocorre quando um som completamente novo é emitido ao pronunciar combinações específicas de letras. É outra mudança de som que pode ser difícil de explicar, mas também é relativamente incomum em falas e conversas em coreano do dia a dia.

Mudanças de som como esta costumam ocorrer naturalmente à medida que tentamos articular corretamente os sons individuais rapidamente - *o mesmo pode acontecer com coreano!*

Mais uma vez, um exemplo em português pode ilustrar isso: diga a frase 'ele me imita' em voz alta para si mesmo em uma velocidade normal de conversação. A pronúncia foi 'ele---me---imita' altamente articulada ou foi mais próxima de 'ele---miimita'? Tente dizer a frase em velocidades diferentes - você consegue ouvir e sentir como os sons se combinam para criar um novo som que não corresponde exatamente à escrita?

Considere como as letras equivalentes em seu próprio idioma mudam e soam como estes exemplos:

**① ㄷ + 이 → 지**

Quando a consoante final ㄷ encontra 이, seu som se torna o som de ㅈ. A consoante silenciosa é substituída, formando o som de 지.

굳이 → 구지

해돋이 → 해도지

**② ㅌ + 이 → 치**

Se a consoante final ㅌ encontra 이, seu som muda para o som de ㅊ. A consoante ㅇ é novamente substituída para criar o som de 치.

같이 → 가치

밭이 → 바치

**③ ㄷ + 히 → 치**

Outro som de 치 é criado quando ㄷ encontra 히, mas desta vez é a consoante ㅎ que eliminamos para criar o novo som.

묻히 → 무치

닫히다 → 다치다

# MUDANÇAS DE SOM COM ㅎ

A letra ㅎ é enfraquecida e muitas vezes inaudível (*especialmente para falantes não nativos*) quando aparece entre vogais ou após consoantes vocalizadas e mais nasais ㄴ, ㄹ, ㅁ e ㅇ. Por esta razão, é incorretamente descrita como uma letra 'silenciosa' - parece desaparecer completamente quando ouvimos os coreanos falar, mas, se a pronúncia for lenta, ela pode ser ouvida - é apenas muito fraca.

좋아요 → 조아요          공부하다 → 공부아다
*(significa - é bom)*                *(significa - estudar)*

*Avançado: por ser a forma verbal mais usada, você verá palavras com* 하다 *muito frequentemente. É incomum ouvi-la pronunciada enquanto é lida, soando mais como* 아다.

## ASPIRAÇÃO

Quando as consoantes ㄱ, ㄷ, ㅂ e ㅈ encontram a letra ㅎ, antes e depois, elas assumem seus sons muito mais fortes e aspirados (ㅋ, ㅌ, ㅍ e ㅊ *respectivamente*). Uma rajada extra de ar é necessária para pronunciar consoantes aspiradas e quando combinadas com ㅎ (*uma consoante aspirada*), recebemos a força extra necessária para produzir o som:

**Exemplos:**

1. 
ㅎ + ㄱ → ㅋ
ㅎ + ㄷ → ㅌ
ㅎ + ㅂ → ㅍ
ㅎ + ㅈ → ㅊ

2. 
ㄱ + ㅎ → ㅋ
ㄷ + ㅎ → ㅌ
ㅂ + ㅎ → ㅍ
ㅈ + ㅎ → ㅊ

좋고 → 조코
닿다 → 다타
좋지 → 조치
어떻게 → 어떠케
국화 → 구콰
집회 → 지푀
맞히다 → 마치다

# 'INTENSIFICAÇÃO' E 'REFORÇO'

Quando as consoantes são escritas adjacentes umas às outras, muitas vezes elas podem interagir e causar alterações que facilitam a pronúncia. Este conjunto de regras se refere a uma série de mudanças fonéticas com muitas consistências e muitas exceções. Isso não apenas torna difícil descrevê-las por completo, mas, como você pode imaginar, é incrivelmente difícil de entender quando você está aprendendo coreano!

O que deixa tudo mais complicado é que a maioria dos coreanos nativos não aprende a falar usando regras como estas - em vez disso, eles simplesmente as adotam de uma forma mais natural. *Ainda está confuso?*

Em termos simples, quando uma sílaba termina com certas consoantes, e uma sílaba adjacente começa com ㄱ,ㄷ,ㅂ,ㅅ ou ㅈ, seus sons dobram em força = ㄲ,ㄸ,ㅃ,ㅆ,ㅉ.

식당 › 식땅   |   학교 › 학꾜   |   돋보기 › 돋뽀기

*sala de jantar*            *escola*              *lupa*

Para encurtar os sons das 받침 , como o da ㅂ no final de uma palavra ou sílaba isolada, nós suprimimos a liberação de ar que normalmente acompanha esses tipos de letras - a aspiração. Para ilustrar, coloque a mão na frente do rosto e diga as palavras 'tapa' e 'anta' - você sentiu uma pequena rajada de ar vinda do '*t-*' em *tapa*, mas não de *anta*?

Quando encontramos uma dessas consoantes reforçadoras, podemos converter qualquer força acumulada de suprimir a aspiração na 받침 para intensificar o som da letra seguinte. Torna-se uma versão mais curta e mais aguda, com uma saída de ar mais explosiva.

Nota: a consoante final ㅎ apenas intensifica a ㅅ inicial, transformando seu som no som de ㅆ no início.

좋습니다 → 조씁니다        SIGNIFICADO: *bom*

*Escrita*            *Pronúncia*

## EXCEÇÕES COMUNS

A maioria das exceções de regras são aprendidas simplesmente lendo, escrevendo e falando mais Coreano. Existem muitas exceções para destacar uma a uma, mas aqui estão as mais comuns:

**1** Exceções de assimilação são feitas quando ㅁ ou ㅇ na posição de 받침 encontra ㄹ em uma posição inicial. Em ambos os casos, ㄹ é substituída pelo som de ㄴ.

| ㅁ OR ㅇ + ㄹ |
|---|

음력 → 음녁     *calendário lunar*

*Exceções menos comuns com consoantes se comportando de forma estranha depois da letra ㄹ incluem, por exemplo: as letras ㄱ, ㄷ ou ㅂ (+ㄹ) se tornando ㅇ, ㄴ e ㅁ (+ㄴ) respectivamente.*

**2** ㅎ é pronunciada como ㄷ na posição final, mas quando encontra a letra ㄴ como uma consoante inicial, nós a pronunciamos como outra ㄴ:

| ㅎ + ㄴ = ㄴ + ㄴ |
|---|

닿는 → 단는     *tocar, alcançar*

**3** A letra ㅅ é pronunciada como ㄷ na posição *final*, mas ㄷ é pronunciada como ㅌ quando seguida por ㅎ. Portanto, quando a letra ㅅ é seguida por ㅎ, ela passa por duas mudanças de som ao mesmo tempo e é pronunciada como ㅌ:

| ㅅ + ㅎ = ㅌ |
|---|

못하다 > 모타다     *incapaz de, não posso fazer*

**4** A letra ㅅ tem o som de 'sh-' quando combinada com as vogais 이 여 야 요 e 유, mas tem o som de 's-' com vogais 아 어 우 오 으 애 ou 에:

| ㅅ = 's-' OR 'sh-' |
|---|

샴푸 *xampu* [syam-pu]       사서 *bibliotecário* [sa-seo]

# SIMPLIFICAÇÃO

A pronúncia da Batchim pode ser simplificada para um de sete sons, conforme tabela abaixo:

ㄱ ㅋ → ㄱ  '-k' como em 'kit' - mas trata-se mais de prender o ar na garganta em vez de liberar o final deste som.

ㄴ → ㄴ  '-nho' como em 'caminho', mas mais suave

ㄷ ㅌ ㅎ → ㄷ  '-t' como em 'chat', mas sem a pequena explosão de ar que segue a última consoante

ㄹ ㄼ → ㄹ  'l-' como em 'lago', mas com a língua tocando o céu da boca em vez dos dentes

ㅁ ㄻ → ㅁ  '-m' como em 'som'

ㅂ ㅍ → ㅂ  '-p' em 'tapa', mas mais suave

ㅇ → ㅇ  '-ng' como em 'bang'

◯ = gyeobbatchim (consoante dupla final)   ◯ = consoante dupla (letra normal)   ◯ = ambas

*\*Estas letras nunca são usadas na posição final como batchim (consoantes finais).*

## 'A 'INTROMETIDA' ㄴ

Existe um som de ㄴ inesperado que ocasionalmente ouvimos em coreano. Talvez possa ser comparado à forma como algumas palavras em português são pronunciadas com sons que não são compatíveis à sua escrita - como o som de '-ss' na palavra 'exceção' (ao contrário do som de 'x' em 'tóxico'). Embora não seja exatamente a mesma coisa, este exemplo pode ajudar a ilustrar que tipo de mudança de som o fenômeno da 'intrometida' letra ㄴ provoca!

É uma regra interessante que os iniciantes provavelmente não precisam aprender, mas acontece na língua coreana e vale a pena entender. Em ocasiões especiais, o som de ㄴ pode surgir e facilitar pronúncias não abrangidas por outras regras - em particular, como veremos aqui, é adicionado quando algumas palavras compostas são pronunciadas - duas palavras unidas para criar um novo significado.

꽃잎 → 꼰닙          SIGNIFICADO *pétala*

Este é um exemplo fantástico de palavra composta que pronunciamos com esta regra - separadamente, as duas palavras são flor 꽃 e folha 잎.

A pronúncia da 'intrometida' ㄴ ocorre quando ambos os caracteres são palavras independentes - como no exemplo acima. A primeira palavra também deve terminar com uma 받침 (a letra ㅊ no exemplo), e a segunda palavra deve começar com uma das cinco vogais específicas ㅣ ㅑ ㅕ ㅛ ou ㅠ.

Podemos ver que a versão escrita (*à esquerda*) é muito diferente da versão pronunciada (*à direita*). Há uma série de regras de mudanças

꽃잎 → 꽃닙 → 꼰닙 → 꼰닙

Escrita      + Regra da L      Nasalização      Simplificação

**Nota:** se a consoante final for a letra ㄹ, pronunciamos esta ㄴ adicional como ㄹ em vez disso.

Como estrangeiro, você seria perfeitamente compreendido caso tivesse que lidar com uma regra como essa - a ㄴ 'intrometida' não deve ser uma grande preocupação para você como iniciante. *É uma regra bastante avançada!*

# Parte 7

# PALAVRAS ÚTEIS E VOCABULÁRIO PARA INICIANTES

# NÚMEROS

Existem **dois sistemas numéricos** em coreano e ambos são usados regularmente no dia a dia - *então precisamos aprender os dois!* O primeiro sistema é denominado **sino-coreano** e o segundo pode ser referido como *'coreano puro'* ou **'coreano nativo'**. Os dois sistemas possuem utilizações diferentes, dependendo da situação, e até são combinados em alguns contextos.

**Sino-coreano** é um termo que descreve elementos da língua coreana que são influenciados ou originados na China. Quase dois terços do vocabulário coreano é considerado sino-coreano e pode ser escrito com Hangul ou um alfabeto diferente, chamado Hanja *(caracteres chineses)*.

Os sistemas numéricos coreanos podem parecer bastante complexos, mas ambos funcionam com uma lógica familiar e apenas um grupo relativamente pequeno de palavras é necessário para formar cada número que precisamos.

| # | Coreano 'nativo' | | Sino-coreano | |
|---|---|---|---|---|
| 0 | 영* | *[yeong]* | 공* | *[gong]* |
| 1 | 하나 | *[ha-na]* | 일 | *[il]* |
| 2 | 둘 | *[dul]* | 이 | *[i]* |
| 3 | 셋 | *[set]* | 삼 | *[sam]* |
| 4 | 넷 | *[net]* | 사 | *[sa]* |
| 5 | 다섯 | *[da-seot]* | 오 | *[o]* |
| 6 | 여섯 | *[yeo seot]* | 육 | *[yuk]* |
| 7 | 일곱 | *[il-gop]* | 칠 | *[chil]* |
| 8 | 여덟 | *[yeo-deol]* | 팔 | *[pal]* |
| 9 | 아홉 | *[a-hop]* | 구 | *[gu]* |
| 10 | 열 | *[yeol]* | 십 | *[sip]* |

## Como cada sistema é geralmente usado:

### Sino-coreano

- Horas (apenas minutos)
- Endereços
- Números de telefone
- Esporte/pontuações
- Dinheiro
- Datas
- Medição
- *...qualquer outra coisa!*

### Coreano nativo

- Horas (somente horas)
- Contagem de pessoas
- Contagem de objetos
- Sequências
- Idades

**Notas:**

Os números em *coreano nativo* terminam em 99, então os números em *sino-coreano* são o 100 em diante.

Os números em coreano nativo também podem ter formas ligeiramente diferentes como adjetivos, mas as palavras mostradas aqui são perfeitamente adequadas para quase todos os contextos.

*Ambas as versões de zero são Hanja, derivadas do chinês - tendemos a usar 공 para números em sino-coreano.*

Números em **sino-coreano** são bastante fáceis de aprender! Depois de memorizar os números de 1 a 10, criamos a maioria dos números maiores simplesmente combinando-os com as palavras para números redondos maiores, como 10, 100, 1000 e assim por diante. Não existem palavras compostas entre 19 e 100, como 'vinte' ou 'trinta', em vez disso, dizemos 'dois-dez' ou 'três-dez'. Na prática, um único dígito na frente de números grandes se multiplica e os seguintes são adicionados:

| | | |
|---|---|---|
| 2 | 이 | *dois* |
| 12 | 십이 | *dez--dois* |
| 20 | 이십 | *dois--dez* |
| 22 | 이십이 | *dois-dez--dois* |
| 200 | 이백 | *dois--cem* |
| 202 | 이백이 | *dois--cem---------------------dois* |
| 212 | 이백십이 | *dois--cem----------------dez--dois* |
| 220 | 이백이십 | *dois--cem---------------dois--dez* |
| 222 | 이백이십이 | *dois--cem--dois---------dez--dois* |

| | |
|---|---|
| 10 | 십 |
| 100 | 백 |
| 1,000 | 천 |
| 10,000 | 만 |
| 100,000 | 십만 |
| 1,000,000 | 백만 |
| 10,000,000 | 천만 |

*...números maiores também são multiplicados acima de 10.000*

Os números grandes e redondos de 100 em diante podem ser expressos de duas maneiras quando escritos sozinhos - como 일백 'um--cem' ou, mais frequentemente, apenas 백 'cem' . É o mesmo para 일천 'um - mil` e 천 'mil' - são intercambiáveis.

A numeração em **'coreano nativo'** só vai até 99 e funciona de maneira um pouco diferente.

Devemos aprender palavras únicas para cada múltiplo de 10, além dos números de dígito único. Eles são somados, como nos exemplos da tabela à direita, e cada um é mostrado com o número 둘 (2):

| | | | | |
|---|---|---|---|---|
| 10 | 열 | [yeol] | 12 | 열둘 |
| 20 | 스물 | [seu-mul] | 22 | 스물둘 |
| 30 | 서른 | [seo-reun] | 32 | 서른둘 |
| 40 | 마흔 | [ma-heun] | 40 | 마흔둘 |
| 50 | 쉰 | [swin] | 52 | 쉰둘 |
| 60 | 예순 | [ye-sun] | 62 | 예순둘 |
| 70 | 일흔 | [il-heun] | 70 | 일흔둘 |
| 80 | 여든 | [yeo-deun] | 82 | 여든둘 |
| 90 | 아흔 | [a-heun] | 92 | 아흔둘 |

Pratique a escrita dos números em **'coreano nativo'** abaixo:

| | | | | | | | | | | | | |
|---|---|---|---|---|---|---|---|---|---|---|---|---|
| 1 | 하 | 나 | | | | | | | | | | |
| 2 | 둘 | | | | | | | | | | | |
| 3 | 셋 | | | | | | | | | | | |
| 4 | 넷 | | | | | | | | | | | |
| 5 | 다 | 섯 | | | | | | | | | | |
| 6 | 여 | 섯 | | | | | | | | | | |
| 7 | 일 | 곱 | | | | | | | | | | |
| 8 | 여 | 덟 | | | | | | | | | | |
| 9 | 아 | 홉 | | | | | | | | | | |
| 10 | 열 | | | | | | | | | | | |
| 12 | 열 | 둘 | | | | | | | | | | |
| 15 | 열 | 다 | 섯 | | | | | | | | | |
| 18 | 열 | 여 | 덟 | | | | | | | | | |
| 19 | 열 | 아 | 홉 | | | | | | | | | |

| 20 | 스 | 물 |   |   |
| 30 | 서 | 른 |   |   |
| 40 | 마 | 흔 |   |   |
| 50 | 쉰 |   |   |   |
| 60 | 예 | 순 |   |   |
| 70 | 일 | 흔 |   |   |
| 80 | 여 | 든 |   |   |
| 90 | 아 | 흔 |   |   |
| 24 | 스 | 물 | 넷 |   |
| 57 | 쉰 | 일 | 곱 |   |
| 61 | 예 | 순 | 하 | 나 |
| 73 | 일 | 흔 | 셋 |   |
| 86 | 여 | 든 | 여 | 섯 |
| 92 | 아 | 흔 | 둘 |   |

Pratique a escrita dos números em **sino-coreano** abaixo:

| 0 | 공 | | | | | | | | |
|---|---|---|---|---|---|---|---|---|---|
| 1 | 일 | | | | | | | | |
| 2 | 이 | | | | | | | | |
| 3 | 삼 | | | | | | | | |
| 4 | 사 | | | | | | | | |
| 5 | 오 | | | | | | | | |
| 6 | 육 | | | | | | | | |
| 7 | 칠 | | | | | | | | |
| 8 | 팔 | | | | | | | | |
| 9 | 구 | | | | | | | | |
| 10 | 십 | | | | | | | | |
| 100 | 백 | | | | | | | | |
| 1,000 | 천 | | | | | | | | |
| 10,000 | 만 | | | | | | | | |

Pratique a escrita dos números em **sino-coreano** abaixo:

| | | | | | | | |
|---|---|---|---|---|---|---|---|
| 11 | 공 | 일 | | | | | |
| 19 | 십 | 구 | | | | | |
| 23 | 이 | 십 | 삼 | | | | |
| 77 | 칠 | 십 | 칠 | | | | |
| 125 | 백 | 이 | 십 | 오 | | | |
| 199 | 백 | 구 | 십 | 구 | | | |
| 201 | 이 | 백 | 일 | | | | |
| 358 | 삼 | 백 | 오 | 십 | 팔 | | |
| 540 | 오 | 백 | 사 | 십 | | | |
| 999 | 구 | 백 | 구 | 십 | 구 | | |
| 1001 | 천 | 일 | | | | | |
| 2054 | 이 | 천 | 오 | 십 | 사 | | |
| 9,999 | 구 | 천 | 구 | 백 | 구 | 십 | 구 |
| | | | | | | | |

# DIAS E MESES

Os dias da semana têm nomes em sino-coreano, representados por cinco elementos naturais *(da cultura chinesa)* e pelos dois corpos celestes *(sol e lua)*. Os meses do calendário também usam sino-coreano para nomenclatura, embora sigam o sistema numérico que acabamos de aprender.

O formato de escrita de datas em coreano é bastante familiar - se você estivesse escrevendo seu aniversário, seria desta maneira: AAAA년 MM월 DD일 e o número do ano pode ser reduzido para dois dígitos. Se você conseguir aprender os números em sino-coreano e as palavras acima para anos, dias e meses, poderá escrever facilmente qualquer data que desejar - o Dia do Hangeul cai em 9 de outubro - isso seria 10월 9일 ...ou 시월 구일, por exemplo.

Notas: 일 significa 'dia' no contexto abaixo, mas significa 'trabalho' se usado isoladamente. A segunda parte do nome de cada dia, 요일, pode ser abreviada apenas para a primeira sílaba. Além disso, os símbolos na frente de cada nome não são necessariamente usados como palavras em outros contextos com o mesmo significado - por exemplo, 'sol' é 태양, e não 일.

*Dica:* os dias da semana em inglês possuem '*-day*' no final (Monday, Tuesday, Wednesday, Thursday, Friday, Saturday, Sunday), e em coreano eles também possuem uma terminação igual...

| | | | | | | | |
|---|---|---|---|---|---|---|---|
| **SEGUNDA-FEIRA**<br>월 LUA | 월 | 요 | 일 | | | | |
| **TERÇA-FEIRA**<br>화 FOGO | 화 | 요 | 일 | | | | |
| **QUARTA-FEIRA**<br>수 ÁGUA | 수 | 요 | 일 | | | | |
| **QUINTA-FEIRA**<br>목 MADEIRA | 목 | 요 | 일 | | | | |
| **SEXTA-FEIRA**<br>금 OURO | 금 | 요 | 일 | | | | |
| **SÁBADO**<br>토 TERRA | 토 | 요 | 일 | | | | |
| **DOMINGO**<br>일 SOL | 일 | 요 | 일 | | | | |

Os nomes dos meses são simplesmente números sino-coreanos com a palavra 월 (wol), significando mês, por exemplo, 1월 é janeiro, 2월 é fevereiro e assim por diante. Duas exceções (marcadas com *) apresentam pequenas alterações que facilitam a pronúncia: Junho é 유월, e não 육월 e outubro 시월, e não 십월.

| | | | | | | | |
|---|---|---|---|---|---|---|---|
| **JANEIRO**<br>1월 | 일 | 월 | | | | | |
| **FEVEREIRO**<br>2월 | 이 | 월 | | | | | |
| **MARÇO**<br>3월 | 삼 | 월 | | | | | |
| **ABRIL**<br>4월 | 사 | 월 | | | | | |
| **MAIO**<br>5월 | 오 | 월 | | | | | |
| **JUNHO***<br>6월 | 유 | 월 | | | | | |
| **JULHO**<br>7월 | 칠 | 월 | | | | | |
| **AGOSTO**<br>8월 | 팔 | 월 | | | | | |
| **SETEMBRO**<br>9월 | 구 | 월 | | | | | |
| **OUTUBRO *** <br>10월 | 시 | 월 | | | | | |
| **NOVEMBRO**<br>11월 | 십 | 일 | 월 | | | | |
| **DEZEMBRO**<br>12월 | 십 | 이 | 월 | | | | |

## CORES

Depois de memorizar o alfabeto e aprender sobre números e datas, um próximo passo útil e fácil em qualquer idioma novo geralmente é aprender a escrever e pronunciar as cores.

As palavras nas listas a seguir geralmente podem ser usadas como substantivos. Você vai perceber rapidamente que todas terminam com 색 (saek) - uma versão curta de 색깔 (saek-kkal) - que é a palavra coreana para 'cor'. Usamos a palavra curta 색 quando falamos de uma cor específica, mas, em alguns casos, onde certas cores são usadas como adjetivos, ela pode ser omitida se desejar. *Estas cores estão marcadas com **

*Pratique escrever as cores abaixo:*

| | | | | | | | |
|---|---|---|---|---|---|---|---|
| VERMELHO * | 빨 | 간 | 색 | | | | |
| LARANJA | 주 | 황 | 색 | | | | |
| AMARELO * | 노 | 란 | 색 | | | | |
| VERDE | 초 | 록 | 색 | | | | |
| AZUL * | 파 | 란 | 색 | | | | |
| ROXO | 보 | 라 | 색 | | | | |
| ROSA | 분 | 홍 | 색 | | | | |
| BRANCO * | 하 | 얀 | 색 | | | | |
| PRETO * | 검 | 정 | 색 | | | | |
| CINZA | 회 | 색 | | | | | |

Pratique a escrita de outras cores em coreano abaixo:

| | | | | | | | | | |
|---|---|---|---|---|---|---|---|---|---|
| OURO | 금 | 색 | | | | | | | |
| PRATA | 은 | 색 | | | | | | | |
| BRONZE | 청 | 동 | 색 | | | | | | |
| MARROM | 갈 | 색 | | | | | | | |
| AZUL-MARINHO | 곤 | 색 | | | | | | | |
| AZUL CÉU | 하 | 늘 | 색 | | | | | | |
| VERDE ESCURO | 초 | 록 | | | | | | | |
| VERDE CLARO | 연 | 두 | 색 | | | | | | |
| TURQUESA | 청 | 록 | 색 | | | | | | |
| CASTANHO CLARO | 황 | 갈 | 색 | | | | | | |
| JADE | 비 | 취 | 색 | | | | | | |
| BEGE | 베 | 이 | 지 | 색 | | | | | |
| PÊSSEGO | 복 | 숭 | 아 | 색 | | | | | |
| ARCO-ÍRIS | 무 | 지 | 개 | 색 | | | | | |

## LISTAS DE VOCABULÁRIO

A série de páginas a seguir contém uma seleção de listas de vocabulário básico, divididas por tema. Memorizar vocabulário é uma tarefa altamente subestimada para iniciantes que aprendem coreano. Além de dominar o alfabeto Hangul, ter um bom conhecimento das palavras do dia a dia será de grande ajuda quando você progredir para níveis mais avançados. É importante lembrar que um bom vocabulário é necessário para aprender mais sobre gramática e começar a formar frases reais. Experimente copiar palavras para novas listas - tanto a repetição quanto a seleção pessoal são muito úteis na memorização de um novo vocabulário. *Há páginas extras com papel quadriculado para prática no final deste livro que você pode tirar cópia para uso pessoal.*

## COMIDA 음식 E COMER 먹기

| | | | |
|---|---|---|---|
| 식사 | refeição | 접시 | placa |
| 아침(식사) | café da manhã | 그릇 | tigela |
| 점심(식사) | almoço | 냄비 | panela |
| 저녁(식사) | jantar | 탁자 | mesa |
| 과자 | lanche | 음료수 | bebida |
| 고기 | carne | 물 | água |
| 돼지고기 | carne de porco | 콜라 | cola |
| 소고기 | carne bovina | 맥주 | cerveja |
| 닭고기 | frango | 사이다 | cidra |
| 해물 | frutos do mar | 켄 | pode |
| 재료 | ingredientes | 병 | garrafa |
| 김치 | kimchi | 우유 | leite |
| 반찬 | acompanhamento | 냉면 | macarrão frio |
| 식당 | restaurante | 밥 | arroz |
| 메뉴 | cardápio | 볶음밥 | arroz frito |
| 젓가락 | hashi | 만두 | dumplings |
| 칼 | faca | 어묵 | bolo de peixe |
| 포크 | garfo | 전 | panqueca |
| 숟가락 | colher | | |
| 도마 | tábua de cortar | | |

# FRUTAS 과일 E VEGETAIS 채소

| | | | |
|---|---|---|---|
| 사과 | *maçã* | 바나나 | *banana* |
| 오렌지 | *laranja* | 파파야 | *mamão* |
| 귤 | *tangerina* | 마늘 | *alho* |
| 승도보숭아 | *nectarina* | 양파 | *cebola* |
| 포도 | *uvas* | 당근 | *cenoura* |
| 배 | *pera* | 감자 | *batata* |
| 멜론 | *melão* | 고구마 | *batata-doce* |
| 수박 | *melancia* | 브로콜리 | *brócolis* |
| 레몬 | *limão (siciliano)* | 버섯 | *cogumelo* |
| 라임 | *limão (tahiti)* | 양배추 | *repolho* |
| 딸기 | *morango* | 완두공 | *ervilhas* |
| 산딸기 | *framboesa* | 옥수수 | *milho* |
| 블루베리 | *mirtilo* | 부추 | *alho-poró* |
| 블랙베리 | *amora* | 순무 | *nabo* |
| 크랜베리 | *cranberry* | 호박 | *abóbora* |
| 체리 | *cereja* | 토마토 | *tomate* |
| 복숭아 | *pêssego* | 상추 | *alface* |
| 살구 | *damasco* | 오이 | *pepino* |
| 자두 | *ameixa* | 피망 | *pimentão* |
| 키위 | *kiwi* | 셀러리 | *salsão* |
| 망고 | *mango* | 아보카도 | *abacate* |
| 파인애플 | *abacaxi* | 샐러드 | *salada* |
| 자몽 | *toranja* | 올리브 | *azeite de oliva* |
| 석류 | *romã* | 애호박 | *abobrinha* |
| 코코넛 | *coco* | 껍질콩 | *feijão verde* |
| 피타야 | *pitaia* | 무 | *rabanete* |
| 두리안 | *durian* | 견과 | *noz* |
| 대추 | *jujuba* | 아몬드 | *amêndoa* |
| 금귤 | *quincã* | 땅콩 | *amendoimx`* |

| | | | |
|---|---|---|---|
| 식료품 | mercado | 사다 | comprar |
| 가게 | loja | 바지 | calças |
| 약국 | farmácia | 청바지 | jeans |
| 빵집 | padaria | 모자 | chapéu |
| 열림 / 닫힘 | aberto fechado | 반바지 | shorts |
| 슈퍼마켓 | supermercado | 치마 | saia |
| 쇼핑센터 | shopping center | 양말 | meias |
| 백화점 | loja de departamento | 신발 | sapatos |
| (전통)시장 | mercado (tradicional) | 원피스 | vestido |
| 편의점 | loja de conveniência | 운동화 | tênis |
| 서점 | livraria | 양복 | terno |
| 꽃집 | floricultura | 안경 | óculos |
| 영업시간 | horário de funcionamento | 셔츠 | camisa |
| 돈 | dinheiro | 하이힐 | salto alto |
| 현금 | dinheiro (em espécie) | 티셔츠 | camiseta |
| 신용 카드 | cartão de crédito | 재킷 | jaqueta |
| 체크 카드 | cartão de débito | 드레스 | vestir |
| 할인 | desconto | 파자마 | pijama |
| 반값 | metade do preço | 브라 | sutiã |
| 싸다 | barato | 팬티 | roupa íntima |
| 저렴하다 | econômico | 코트 | casaco |
| 가격표 | etiqueta de preço | 구두 | sapato social |
| 기념품 | souvenirs | | |
| 보증서 | garantia | | |
| 환불 | reembolso | | |
| 교환 | troca | | |
| 영수증 | recibo | | |
| 세금 | imposto | | |
| 쿠폰 | cupom | | |

| | | | |
|---|---|---|---|
| 기온 | temperatura | 맑다 | (céu) limpo |
| 여름 | verão | 쌀쌀하다 | frio |
| 겨울 | inverno | 영하 | abaixo de zero |
| 가을 | outono | 영상 | acima de zero |
| 봄 | primavera | 기후 | clima |
| 하늘 | céu | 국내 여행 | viagem local |
| 구름 | nuvens | 해외 여행 | viagem ao exterior |
| 이슬비 | garoa | 비행기 | avião |
| 눈바람 | nevasca | 공항 | aeroporto |
| 비 | chuva | 해외 | país estrangeiro |
| 눈 | neve | 버스 | ônibus |
| 번개 | raio | 버스 정류장 | ponto de ônibus |
| 천둥 | trovão | 역 | estação |
| 소나기 | pancada de chuva | 버스 정류장 | rodoviária |
| 태풍 | tufão | 여권 | passaporte |
| 우산 | guarda-chuva | 지하철 | metrô |
| 비옷 | capa de chuva | 택시 | táxi |
| 장마 | estação chuvosa | 입장시간 | horário de abertura |
| 해 | sol | 마감시간 | horário de encerramento |
| 가뭄 | seca | 숙소 | acomodação |
| 자외선 | raios UV | 짐 | bagagem |
| 해변 | praia | 지도 | mapa |
| 바다 | oceano | 관광 가이드 | guia turístico |
| 에어컨 | ar-condicionado | 표 | entrada |
| 공기 | ar | 다리 | ponte |
| 바람 | vento | 바다 | mar |
| 폭염 | onda de calor | 등대 | farol |
| 건조하다 | seco | 해변 | praia |
| 습하다 | úmido | 산 | montanha |

| | | | |
|---|---|---|---|
| 아파트 | apartamento | 티비 | TV |
| 방 | sala | 텔레비전 | televisão |
| 바닥 | piso | 소파 | sofá |
| 천장 | teto | 의자 | cadeira |
| 일층 | primeiro andar | 탁자 | mesa |
| 지하실 | porão | 식탁 | mesa de jantar |
| 다락방 | sótão | 책장 | estante |
| 계단 | escadas | 라디오 | rádio |
| 정원 | jardim | 그림 | foto |
| 창문 | janelas | 페인팅 | pintura |
| 식물 | planta | 침실 | quarto |
| 화분 | vaso de flores | 침대 | cama |
| 주방 / 부엌 | cozinha | 베개 | travesseiro |
| 싱크대 | pia (cozinha) | 자명종 | despertador |
| 세탁기 | máquina de lavar | 옷장 | guarda-roupa |
| 마이크로웨이브 | micro-ondas | 깔개 | tapete |
| 냉장고 | geladeira | 램프 | luminária |
| 냉동고 | congelador | 전구 | lâmpada |
| 난로 | fogão | 거울 | espelho |
| 식기세척기 | lava-louças | 포스터 | pôster |
| 오븐 | forno | 책상 | escrivaninha |
| 주전자 | chaleira | 컴퓨터 | computador |
| 토스터 | torradeira | 화장실 | banheiro |
| 컵 | xícara | 변기 | vaso sanitário |
| 벽장 | armário | 샤워 | chuveiro |
| 후라이팬 | frigideira | 욕조 | banheira |
| 냄비 | panela | 싱크 | pia |
| 거실 | sala de estar | 약상자 | armário de remédios |
| 가구 | mobília | | |

| | | | |
|---|---|---|---|
| 머리 | cabeça | 가슴 | peito |
| 이마 | testa | 등 | costas |
| 눈 | olho | 허리 | cintura |
| 귀 | orelha | 배꼽 | umbigo |
| 귓불 | lóbulo da orelha | 다리 | perna |
| 코 | nariz | 허벅지 | coxa |
| 입 | boca | 무릎 | joelho |
| 입술 | lábios | 종아리 | panturrilha |
| 혀 | língua | 발 | pé |
| 볼/뺨 | bochecha | 발목 | tornozelo |
| 이/치아 | dente/dentes | 발톱 | unha do pé |
| 턱 | queixo | 발꿈치 | calcanhar |
| 목 | pescoço | 발바닥 | sola do pé |
| 목구멍 | garganta | 발가락 | dedo do pé |
| 어깨 | ombro | 근육 | músculo |
| 쇄골 | clavícula | 뼈 | osso |
| 팔 | braço | 심장 | coração |
| 팔목 | pulso | 피 / 혈액 | sangue |
| 팔꿈치 | cotovelo | 위 | estômago |
| 손 | mão | 머리카락 | cabelo |
| 손바닥 | palma da mão | 수염 | pelos faciais |
| 주먹 | punho | 콧수염 | bigode |
| 손가락 | dedo | 눈썹 | sobrancelha |
| 엄지손가락 | dedão | 얼굴 | face |
| 집게손가락 | dedo indicador | 피부 | pele |
| 약지 | dedo anelar | 점 | mancha |
| 손톱 | unha da mão | 보조개 | covinha |
| 중지 | dedo do meio | 여드름 | espinha |
| 새끼 손가락 | dedo mindinho | 주근깨 | sarda |

| | | | |
|---|---|---|---|
| 메시지 | mensagem | 로그인 | login |
| 지도 | mapa | 비밀번호 | senha |
| 카메라 | câmera | 선택 | selecionar |
| 사진 | foto | 복사 | copiar |
| 갤러리 | galeria | 붙여넣기 | colar |
| 시계 | relógio | 이동 | mover |
| 미리알림 | lembrete | 지르기 | cortar |
| 캘린더 | calendário | 이름 변경 | renomear |
| 주소록 | contatos | 계속 | continuar |
| 계산기 | calculadora | 취소 | cancelar |
| 음악 | músicas | 입력 | input |
| 소리 | som | 수신함 | caixa de entrada |
| 방해금지 모드 | não perturbe | 오전 | am (horas) |
| 제어 센터 | modo | 오후 | pm (horas) |
| 에어플레인 | central de controle | 좋아하다 | gostar |
| 모드 | modo avião | 팔로워 | seguidores |
| 알림 | notificação | 페이지 | página |
| (홈)화면 | tela (inicial) | 활동 | atividade |
| 잠그화면 | tela de bloqueio | 새 포스트 | nova postagem |
| 설정 | configurações | 리블로그하다 | repostar |
| 와이파이 | Wi-Fi | 임시 저장 | rascunhos |
| 개인용 핫스팟 | ponto de acesso | 답하기 | resposta |
| 이동통신사 | rede móvel | 위치 | local |
| 셀룰러 | celular | 익명으로 | anônimo |
| 모바일 데이터 | dados móveis | 배터리 전원 부족 | bateria fraca |
| 전원 끄기 | desligar | | |
| 번역 | tradutor | | |
| 앱 | aplicativo | | |
| 메모리 | memória | | |

| | | | |
|---|---|---|---|
| 직장 | *local de trabalho* | 바텐더 | *barman* |
| 경력 | *carreira* | 전기기사 | *eletricista* |
| 이력서 | *retomar* | 경찰 | *policial* |
| 면접 | *entrevista de emprego* | 소방관 | *bombeiro* |
| 고용주 | *empregador* | 배관공 | *encanador* |
| 연봉 | *salário anual* | 어부 | *pescador* |
| 월급 | *salário mensal* | 정육점 | *açougueiro* |
| 동료 | *colega* | 목수 | *carpinteiro* |
| 회의 | *reunião* | 건축가 | *arquiteto* |
| 출장 | *viagem de negócios* | 조종사 | *piloto* |
| 퇴직자 | *aposentado* | 약사 | *farmacêutico* |
| 선생님 | *professor* | 점원 | *balconista* |
| 교수님 | *professor (de universidade)* | 정원사 | *jardineiro* |
| 연구원 | *pesquisador* | 수의사 | *veterinário* |
| 학생 | *estudante* | 미용사 | *cabeleireiro* |
| 간호사 | *enfermeira* | 운동선수 | *atleta* |
| 치과의사 | *dentista* | 노동자 | *trabalhador* |
| 의사 | *médico* | 수리 기사 | *técnico de reparos* |
| 군인 | *soldado* | 사진사 | *fotógrafo* |
| 요리사 | *cozinheiro/chefe de cozinha* | 프로그래머 | *programador* |
| 변호사 | *advogado* | 가수 | *cantor* |
| 비사 | *secretário* | 배우 | *ator* |
| 은행가 | *bancário* | 사무원 | *funcionário de escritório* |
| 작가 | *escritor/autor* | 농장주/농부 | *fazendeiro* |
| 기자 | *jornalista* | 택시기사 | *taxista* |
| 엔지니어 | *engenheiro* | 기술자 | *técnico* |
| 과학자 | *cientista* | 보모 | *babá* |
| 디자이너 | *desenhista* | 예술가 | *artista* |
| 정비사 | *mecânico* | 회계사 | *contador* |

# ANIMAIS 동물 E INSETOS 벌레

| | | | |
|---|---|---|---|
| 애완동물 | bicho de estimação | 오리 | pato |
| 개 | cachorro | 비둘기 | pombo |
| 강아지 | filhote de cachorro | 거위 | ganso |
| 고양이 | gato | 독수리 | águia |
| 새 | pássaro | 뱀 | cobra |
| 물고기 | peixe | 북극곰 | urso polar |
| 코끼리 | elefante | 캥거루 | canguru |
| 사자 | leão | 돌고래 | golfinho |
| 호랑이 | tigre | 상어 | tubarão |
| 곰 | urso | 오징어 | lula |
| 기린 | girafa | 문어 | polvo |
| 얼룩말 | zebra | 게 | caranguejo |
| 고릴라 | gorila | 장어 | enguia |
| 원숭이 | macaco | 나비 | borboleta |
| 판다 | panda | 다람쥐 | esquilo |
| 하마 | hipopótamo | 오소리 | texugo |
| 코뿔소 | rinoceronte | 토끼 | coelho |
| 고래 | baleia | 햄스터 | hamster |
| 거북이 | tartaruga | 기니피그 | porquinho-da-índia |
| 악어 | crocodilo | 개구리 | sapo |
| 거미 | aranha | 늑대 | lobo |
| 벌 | abelha | 사슴 | veado |
| 개미 | formiga | 여우 | raposa |
| 소 | vaca | 칠면조 | peru |
| 염소 | cabra | 도마뱀 | lagarto |
| 양 | ovelha | 표범 | leopardo |
| 말 | cavalo | 치타 | guepardo |
| 돼지 | porco | 펭귄 | pinguim |
| 앵무새 | papagaio | 침팬지 | chimpanzé |

## FAMÍLIA 가족

| | |
|---|---|
| 가족 | *família* |
| 아이들 | *crianças* |
| 아들 | *filho* |
| 딸 | *filha* |
| 아이 | *criança* |
| 부모(님) | *pais* |
| 어머니 | *mãe (formal)* |
| 어머님 | *mãe (honorífico)* |
| 엄마 | *mãe (informal)* |
| 아버지 | *pai (formal)* |
| 아버님 | *pai (honorífico)* |
| 아빠 | *pai (informal)* |
| 조부모(님) | *avós* |
| 할아버지 | *avô* |
| 할아버님 | *avô (honorífico)* |
| 할머니 | *avó* |
| 할머님 | *avó (honorífico)* |
| 배우자 | *cônjuge* |
| 남편 | *marido* |
| 아내 | *esposa* |
| 형제자매 | *irmãos (geral)* |
| 형제 | *irmãos* |
| 자매 | *irmãs* |
| 누나 | *irmã mais velha (para homem)* |
| 형 | *irmão mais velho (para homem)* |
| 언니 | *irmã mais velha (para mulher)* |
| 오빠 | *irmão mais velho (para mulher)* |
| 여동생 | *irmã mais nova* |
| 남동생 | *Irmão mais novo* |

## HOBBIES 취미

| | |
|---|---|
| 여행 | *viagem* |
| 외국어 | *língua estrangeira* |
| 요리 | *cozinhar* |
| 독서 | *ler* |
| 운동 | *exercitar* |
| 독서 | *ler livros* |
| 영화 감상 | *assistir filmes* |
| 비디오 게임 | *videogame* |
| 스포츠 | *esportes* |
| 축구 | *futebol* |
| 야구 | *beisebol* |
| 농구 | *basquetebol* |
| 수영 | *natação* |
| 조깅 | *cooper* |
| 테니스 | *tênis* |
| 골프 | *golfe* |
| 스키 | *esqui* |
| 미식축구 | *futebol americano* |
| 배구 | *voleibol* |
| 태권도 | *taekwondo* |
| 등산 | *montanhismo* |
| 달리기 | *corrida* |
| 춤 | *dança* |
| 가요 | *K-pop* |
| 미술 | *arte visual* |
| 낮잠 | *cochilo* |
| 휴가 | *férias* |
| 문화 | *cultura* |
| 수다 | *conversar* |

**①**

| 사 | |
|---|---|
| 구 | |
| 이 | |
| 칠 | |

**②**

| 8 | |
|---|---|
| 3 | |
| 5 | |
| 1 | |

**③**

| 이십삼 | |
|---|---|
| 육십구 | |
| 십육 | |
| 삼십팔 | |

**④** Aproximadamente quanto do vocabulário coreano tem origem chinesa?

A. **tudo**   B. **1/3**

C. **2/3**   D. **metade**   _____

**⑤** Qual é a palavra em coreano para segunda-feira, dia que leva o nome da lua?

A. **화요일**   B. **목요일**

C. **일요일**   D. **월요일**   _____

**⑥** Como dizemos o nome do 11o mês, novembro, em coreano?

A. **십일월**   B. **삼이월**

C. **십이월**   D. **삼일월**   _____

**⑦** Qual cor é escrita como **파란색**?

A. **azul**   B. **branco**

C. **preto**   D. **amarelo**

E. **verde**   F. **vermelho**   _____

**⑧**

| 사백십육 | |
|---|---|
| 팔백십이 | |
| 삼백이십일 | |

**⑨**

| 540 | |
|---|---|
| 199 | |
| 704 | |

*(Ver respostas - página 128)*

# Parte 8

## TABELAS DE REFERÊNCIA E RESPOSTAS

| | | ㅏ a | ㅑ ya | ㅓ eo | ㅕ yeo | ㅗ o | ㅛ yo | ㅜ u | ㅠ yu | ㅡ eu | ㅣ i |
|---|---|---|---|---|---|---|---|---|---|---|---|
| ㄱ | g | 가 ga | 갸 gya | 거 geo | 겨 gyeo | 고 go | 교 gyo | 구 gu | 규 gyu | 그 geu | 기 gi |
| ㅋ | k | 카 ka | 캬 kya | 커 keo | 켜 kyeo | 코 ko | 쿄 kyo | 쿠 ku | 큐 kyu | 크 keu | 키 ki |
| ㄴ | n | 나 na | 냐 nya | 너 neo | 녀 nyeo | 노 no | 뇨 nyo | 누 nu | 뉴 nyu | 느 neu | 니 ni |
| ㄷ | d | 다 da | 댜 dya | 더 deo | 뎌 dyeo | 도 do | 됴 dyo | 두 du | 듀 dyu | 드 deu | 디 di |
| ㅌ | t | 타 ta | 탸 tya | 터 teo | 텨 tyeo | 토 to | 툐 tyo | 투 tu | 튜 tyu | 트 teu | 티 ti |
| ㄹ | r/l | 라 ra | 랴 rya | 러 reo | 려 ryeo | 로 ro | 료 ryo | 루 ru | 류 ryu | 르 reu | 리 ri |
| ㅁ | m | 마 ma | 먀 mya | 머 meo | 며 myeo | 모 mo | 묘 myo | 무 mu | 뮤 myu | 므 meu | 미 mi |
| ㅂ | b | 바 ba | 뱌 bya | 버 beo | 벼 byeo | 보 bo | 뵤 byo | 부 bu | 뷰 byu | 브 beu | 비 bi |
| ㅍ | p | 파 pa | 퍄 pya | 퍼 peo | 펴 pyeo | 포 po | 표 pyo | 푸 pu | 퓨 pyu | 프 peu | 피 pi |
| ㅅ | s | 사 sa | 샤 sya | 서 seo | 셔 syeo | 소 so | 쇼 syo | 수 su | 슈 syu | 스 seu | 시 si |
| ㅈ | j | 자 ja | 쟈 jya | 저 jeo | 져 jyeo | 조 jo | 죠 jyo | 주 ju | 쥬 jyu | 즈 jeu | 지 ji |
| ㅊ | ch | 차 cha | 챠 chya | 처 cheo | 쳐 chyeo | 초 cho | 쵸 chyo | 추 chu | 츄 chyu | 츠 cheu | 치 chi |
| ㅇ | ng | 아 a | 야 ya | 어 eo | 여 yeo | 오 o | 요 yo | 우 u | 유 yu | 으 eu | 이 i |
| ㅎ | h | 하 ha | 햐 hya | 허 heo | 혀 hyeo | 호 ho | 효 hyo | 후 hu | 휴 hyu | 흐 heu | 히 hi |

| | ㅐ ae | ㅒ yae | ㅔ e | ㅖ ye | ㅚ oe | ㅘ wa | ㅙ wae | ㅟ wi | ㅝ wo | ㅞ we | ㅢ ui |
|---|---|---|---|---|---|---|---|---|---|---|---|
| ㄱ g | 개 gae | 걔 gyae | 게 ge | 계 gye | 괴 goe | 과 gwa | 괘 gwae | 귀 gwi | 궈 gwo | 궤 gwe | 긔 gui |
| ㅋ k | 캐 kae | 컈 kyae | 케 ke | 켸 kye | 쾨 koe | 콰 kaw | 쾌 kwae | 퀴 kwi | 쿼 kwo | 퀘 kwe | 킈 kui |
| ㄴ n | 내 nae | 냬 nyae | 네 ne | 녜 nye | 뇌 noe | 놔 nwa | 놰 nwae | 뉘 nwi | 눠 nwo | 눼 nwe | 늬 nui |
| ㄷ d | 대 dae | 댸 dyae | 데 de | 뎨 dye | 되 doe | 돠 dwa | 돼 dwae | 뒤 dwi | 둬 dwo | 뒈 dwe | 듸 dui |
| ㅌ t | 태 tae | 턔 tyae | 테 te | 톄 tye | 퇴 toe | 톼 twa | 퇘 twae | 튀 twi | 퉈 two | 퉤 twe | 틔 tui |
| ㄹ r/l | 래 rae | 럐 ryae | 레 re | 례 rye | 뢰 roe | 롸 rwa | 뢔 rwae | 뤼 rwi | 뤄 rwo | 뤠 rwe | 릐 rui |
| ㅁ m | 매 mae | 먜 myae | 메 me | 몌 mye | 뫼 moe | 뫄 mwa | 뫠 mwae | 뮈 mwi | 뭐 mwo | 뭬 mwe | 믜 mui |
| ㅂ b | 배 bae | 뱨 byae | 베 be | 볘 bye | 뵈 boe | 봐 bwa | 봬 bwae | 뷔 bwi | 붜 bwo | 붸 bwe | 븨 bui |
| ㅍ p | 패 pae | 퍠 pyae | 페 pe | 폐 pye | 푀 poe | 퐈 pwa | 퐤 pwae | 퓌 pwi | 풔 pwo | 풰 pwe | 픠 pui |
| ㅅ s | 새 sae | 섀 syae | 세 se | 셰 sye | 쇠 soe | 솨 swa | 쇄 swae | 쉬 swi | 숴 swo | 쉐 swe | 싀 sui |
| ㅈ j | 재 jae | 쟤 jyae | 제 je | 졔 jye | 죄 joe | 좌 jwa | 좨 jwae | 쥐 jwi | 줘 jwo | 줴 jwe | 즤 jui |
| ㅊ ch | 채 chae | 챼 chyae | 체 che | 쳬 chye | 최 choe | 촤 chwa | 쵀 chwae | 취 chwi | 춰 chwo | 췌 chwe | 츼 chui |
| ㅇ ng | 애 ae | 얘 yae | 에 eo | 예 ye | 외 oe | 와 wa | 왜 wae | 위 wi | 워 wo | 웨 we | 의 ui |
| ㅎ h | 해 hae | 햬 hyae | 헤 he | 혜 hye | 회 hoe | 화 hwa | 홰 hwae | 휘 hwi | 훠 hwo | 훼 hwe | 희 hui |

| | | ㅐ ae | ㅒ yae | ㅔ e | ㅖ ye | ㅚ oe | ㅘ wa | ㅙ wae | ㅟ wi | ㅝ wo | ㅞ we | ㅢ ui |
|---|---|---|---|---|---|---|---|---|---|---|---|---|
| ㄲ | gg | 깨 ggae | 꺠 ggyae | 께 gge | 꼐 ggye | 꾀 ggoe | 꽈 ggwa | 꽤 ggwae | 뀌 ggi | 꿔 ggwo | 꿰 ggwe | 끠 ggui |
| ㄸ | dd | 때 ddae | 떄 ddyae | 떼 dde | 뗴 ddye | 뙤 ddoe | 똬 ddaw | 뙈 ddwae | 뛰 ddi | 뚸 ddwo | 뛔 ddwe | 띄 ddui |
| ㅃ | bb | 빼 bbae | 뺴 bbyae | 뻬 bbe | 뼤 bbye | 뾔 bboe | 뽜 bbwa | 뽸 bbwae | 쀠 bbi | 뿨 bbwo | 쀄 bbwe | 쁴 bbui |
| ㅆ | ss | 쌔 ssae | 썌 ssyae | 쎄 sse | 쎼 ssye | 쐬 ssoe | 쏴 sswa | 쐐 sswae | 쒸 ssi | 쒀 sswo | 쒜 sswe | 씌 ssui |
| ㅉ | jj | 째 jjae | 쨰 jjyae | 쩨 jje | 쪠 jjye | 쬐 jjoe | 쫘 jjwa | 쫴 jjwae | 쮜 jji | 쭤 jjwo | 쮀 jjwe | 쯰 jjui |

Não precisamos memorizar todos os caracteres possíveis - simplesmente aprendendo as letras básicas do Hangul e como elas são escritas, você pode ler e escrever todas as combinações possíveis.

*Nota: em teoria, existem centenas e milhares de combinações de sílabas possíveis, mas muitas delas raramente são usadas no coreano cotidiano. Na verdade, há muitas que nunca são usadas!*

| | | ㅏ a | ㅑ ya | ㅓ eo | ㅕ yeo | ㅗ o | ㅛ yo | ㅜ u | ㅠ yu | ㅡ eu | ㅣ i |
|---|---|---|---|---|---|---|---|---|---|---|---|
| ㄲ | gg | 까 gga | 꺄 ggya | 꺼 ggeo | 껴 ggyeo | 꼬 ggo | 꾜 ggyo | 꾸 ggu | 뀨 ggyu | 끄 ggeu | 끼 ggi |
| ㄸ | dd | 따 dda | 땨 ddya | 떠 ddeo | 뗘 ddyeo | 또 ddo | 뚀 ddyo | 뚜 ddu | 뜌 ddyu | 뜨 ddeu | 띠 ddi |
| ㅃ | bb | 빠 bba | 뺘 bbya | 뻐 bbeo | 뼈 bbyeo | 뽀 bbo | 뾰 bbyo | 뿌 bbu | 쀼 bbyu | 쁘 bbeu | 삐 bbi |
| ㅆ | ss | 싸 ssa | 쌰 ssya | 써 sseo | 쎠 ssyeo | 쏘 sso | 쑈 ssyo | 쑤 ssu | 쓔 ssyu | 쓰 sseu | 씨 ssi |
| ㅉ | jj | 짜 jja | 쨔 jjya | 쩌 jjeo | 쪄 jjyeo | 쪼 jjo | 쬬 jjyo | 쭈 jju | 쮸 jjyu | 쯔 jjeu | 찌 jji |

| | | | | | | | | | | | |
|---|---|---|---|---|---|---|---|---|---|---|---|
| ㄱ | ㅏ | ㅈ | **값** | ㅍ | ㅑ | ㄼ | **퍎** | ㄱ | ㅖ | ㄼ | **곏** |
| ㅁ | ㅛ | ㄵ | **묝** | ㅂ | ㅐ | ㄼ | **뱂** | ㄲ | ㅘ | ㄼ | **꽓** |
| ㅂ | ㅜ | ㅀ | **붛** | ㄹ | ㅘ | ㄿ | **뢇** | ㅁ | ㅡ | ㄲ | **믂** |
| ㄲ | ㅣ | ㄼ | **낎** | ㅈ | ㅠ | ㄾ | **쥰** | ㅋ | ㅑ | ㄾ | **턅** |
| ㅍ | ㅐ | ㄿ | **팲** | ㅃ | ㅑ | ㄿ | **뺲** | ㅈ | ㅐ | ㄹ | **잝** |
| ㅅ | ㅔ | ㄼ | **셻** | ㄴ | ㅚ | ㄲ | **뇪** | ㅃ | ㅛ | ㄿ | **뾲** |
| ㅈ | ㅑ | ㄵ | **쟎** | ㅎ | ㅗ | ㅀ | **홓** | ㅊ | ㅏ | ㅀ | **찷** |
| ㅃ | ㅓ | ㄾ | **뻝** | ㅂ | ㅣ | ㅄ | **빖** | ㅌ | ㅠ | ㄾ | **튱** |
| ㅊ | ㅠ | ㄿ | **츂** | ㅁ | ㅟ | ㄵ | **뮂** | ㅂ | ㅙ | ㅄ | **뱊** |
| ㅌ | ㅕ | ㅀ | **텷** | ㄸ | ㅏ | ㄼ | **땳** | ㅍ | ㅗ | ㄵ | **퐂** |
| ㄹ | ㅗ | ㅄ | **롮** | ㅅ | ㅜ | ㄾ | **숱** | ㄹ | ㅢ | ㅀ | **릫** |
| ㄷ | ㅐ | ㄵ | **댆** | ㄴ | ㅝ | ㄵ | **뉂** | ㄷ | ㅣ | ㄹ | **딜** |
| ㅋ | ㅡ | ㄼ | **큶** | ㅉ | ㅚ | ㅀ | **쬏** | ㅋ | ㅐ | ㄿ | **캢** |
| ㅆ | ㅜ | ㄾ | **쓾** | ㄷ | ㅖ | ㄹ | **뎰** | ㅎ | ㅛ | ㄵ | **횿** |

# RESPOSTAS

## TESTE RÁPIDO A PÁGINA 48

1. **A**
o 'io' em ioga

2. **B** 표

3. **D** ㅇ

4. **C** ㅈ

5. **C** 3

6. **B** 4

7. **C** ㅣ

8. **A** **C** **F** **G**

9. **B** ㄷ

10. **D** o 'g' em gato

## TESTE RÁPIDO B PÁGINA 78

1. **D**
o 'iê' em Iêmen

2. **B** 11

3. **B** **G** **H**

4. **C** 키위

5. **A**
o 'uí' em uísque

6. **A** 6

7. **C** ㅒ

8. **D** ㅃ

9. **C** Computador

10. 한글

## TESTE RÁPIDO C PÁGINA 90

1. **B**
De 'k' em ski

2. **C** 11

3. **D** 러

4. **B** 7

5. **C**
De 'l' em lago

6. **B**
De 'k' em ski

7. **A** [말께]

8. **B** ᄀᄉ

9. **D** [갑슬]

10. **C**
De 'l' em lago

## TESTE RÁPIDO D PÁGINA 122

1. 4 = 사
9 = 구
2 = 이
7 = 칠

2. 8 = 팔
3 = 삼
5 = 오
1 = 일

3. 23 = 이십삼
69 = 육십구
16 = 십육
38 = 삼십팔

4. **C** 2/3

5. **D** 월요일

6. **A** 십일월

7. **A** azul

8. 416 = 사백십육
812 = 팔백십이
321 = 삼백이십일

9. 540 = 오백사십
199 = 백구십구
704 = 칠백사

# PÁGINAS DE PRÁTICA
## PAPEL QUADRICULADO
## PARA
## PRÁTICA EXTRA

## Parte 10

# FLASH CARDS
## TIRAR CÓPIA OU
## RECORTAR E GUARDAR

| | | |
|---|---|---|
| ㄈ | ㄅ | ㄋ |
| ㄴ | 口 | ㄟ |
| ㄉ | ㄌ | ㄟ |
| ㄱ | ㄹ | ㄇ |

## DIGEUT

디귿

INICIAL d como o 'd' em dado
FINAL t como o 't' em adulto, mas mais suave

## NIEUN

니은

INICIAL n como o 'n' em navio
FINAL n com o 'nho' em caminho, mas mais suave

## KIEUK

키읔

INICIAL k como o 'k' em kit
FINAL k como o 'k' em kit

## GIYEOK

기역

INICIAL g como o 'g' em gato
FINAL k como o 'k' em ski

## BIEUP

비읍

INICIAL b como o 'b' em bem
FINAL p como o 'p' em tapa, mas mais suave

## MIEUM

미음

INICIAL m como o 'm' em mãe
FINAL m como o 'm' em som

## RIEUL

리을

INICIAL r como o 'r' em roupa
FINAL l como o 'l' em sol

## TIEUT

티읕

INICIAL t como o 't' em taco
FINAL t como o 'te' em dente, mas mais suave

## CHIEUT

치읓

INICIAL ch como o 'ch' em charme
FINAL t como o 'ti' em jabuti, mas mais suave

## JIEUT

지읒

INICIAL j como o 'j' em jogo
FINAL t como o 't' em chat, mas mais suave

## SIOT

시옷

INICIAL como o 's' em sapo
FINAL t como o 'te' em tapete, mas mais suave

## PIEUP

피읖

INICIAL p como o 'p' em pizza
FINAL p como o 'pi' em tupi, mas mais suave

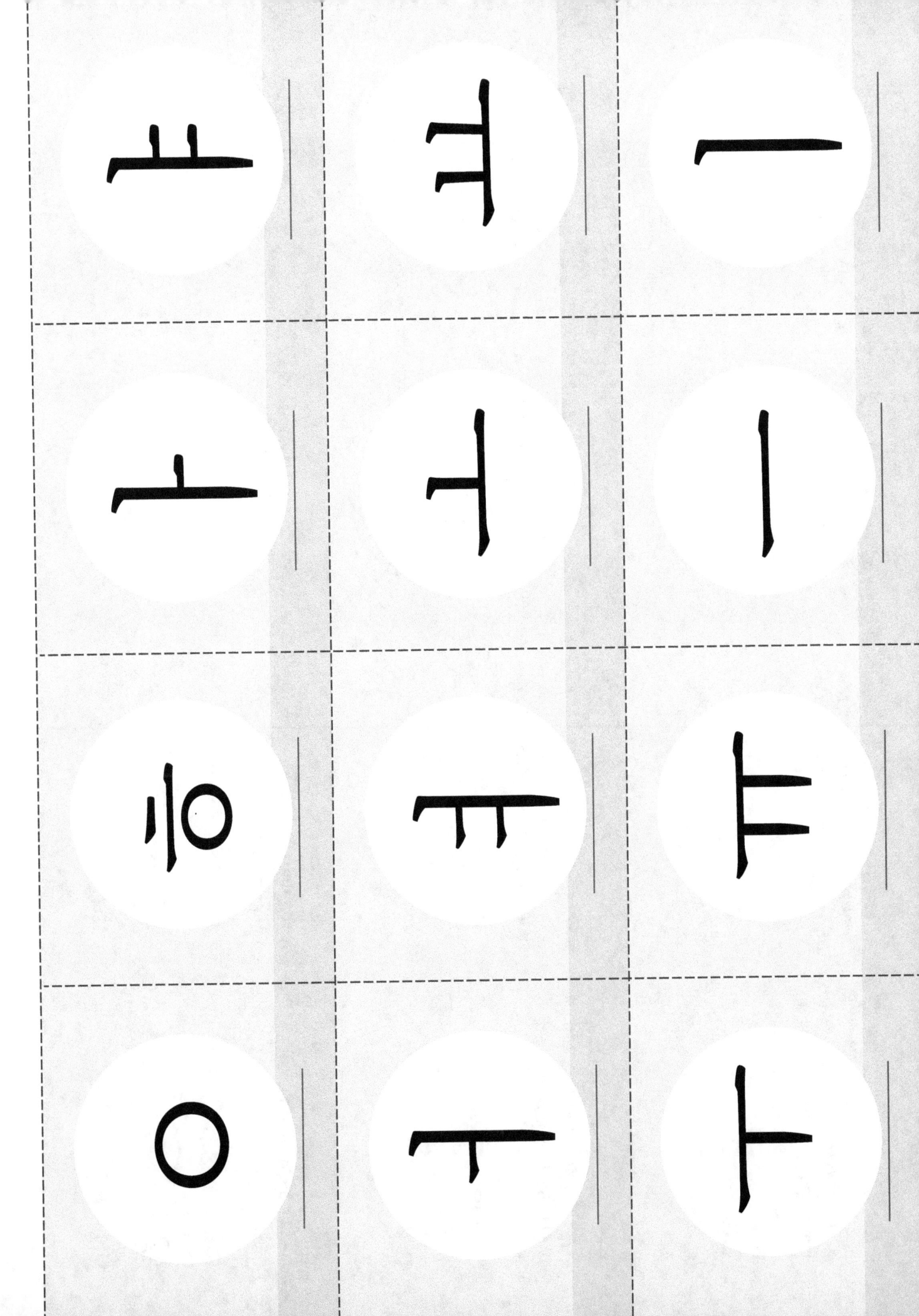

**'YA'**

Pronunciada como o 'ya' em Yara

*Assim como com 'a', mas com um som suave de 'y' na frente.*

---

**'YO'**

Pronunciado como o 'io' em iodo

*Assim como a letra 'o', mas com um som suave de 'y' na frente.*

---

**'I'**

Pronunciada como o 'i' em igreja

*Boca larga, dentes mais próximos (não fechados)*

---

**'A'**

Pronunciado como o 'a' em amor

---

**Pronunciada como o 'o' em ovo**

*Boca aberta em formato de O com os lábios imóveis.*

---

**Como o 'u' em úmido**

*'U' com boca larga, cantos puxados para trás, dentes mais próximos (não fechados)*

**'EU'**

---

**HIEUT**

INICIAL h como o 'h' em hot dog

FINAL t como o 't' em hot dog

---

**'YEO'**

Pronunciada como o 'io' em ioga, com o 'o' aberto

*Just as with 'eo' but with a soft 'y' sound at the front.*

---

**'YU'**

Pronunciada como o 'iu' em 'Iuri'

*Assim como com 'u', mas com um som suave de 'y' na frente.*

---

**IEUNG**

INICIAL consoante silenciosa

FINAL ng como o 'ng' em bang

---

**'EO'**

Pronunciado como o 'o' em óleo

*Boca aberta em formato longo e alto, mantendo os lábios imóveis.*

---

**'U'**

Pronunciada como o 'u' em duna

*Formato de lábio arredondado, boca aberta com a parte inferior volada para frente*

ㅕ

어

ㅜ

ㅏ

혀

여

ㅠ

허

혜

ㅠ

여

여

**'YE'**
como o 'iê' em Iêmen
*Assim como ㅖ com um som de 'y' na frente*

**'WI'**
o 'uí' em uísque (com 'uí' suave)
*'oo-ii', mas em um som único e suave.*

**SSANG GIYEOK**
쌍기역
'guh', semelhante ao 'g' em gato
*Semelhante a ㄱ, mas mais forçado e tenso*

**'E'**
o 'é' em égua
*Difícil distinguir de ㅐ*

**'WAE'**
'weh' como o 'we' em Wendy
*Essencialmente 'ub-ae' dito em um som único*

**'UI'**
o 'uí' em ruído ('uí' suave)
*Como 'ub-i', mas em um som único e curto*

**'YAE'**
o 'ye' em yeti
*Assim como ㅐ com um som de 'y' na frente*

**'WA'**
'wa' em Taiwan (com um 'w' suave)
*Como 'ub-ab' dito em um som único*

**'WE'**
'ue' em sueco (com 'ue' suave)
*Como 'u-eb' (difícil de distinguir de 외)*

**'AE'**
o 'é' em época
*Difícil distinguir de ㅔ*

**'OE'**
o 'we' em Wesley
*Como 'ob-eb, mas como um som único e suave*

**'WO'**
o 'uo' em vácuo (com 'uo' suave)
*Como 'ub-or' dito de forma curta e suave*

ㅉ

CARREGAMENTO DE SONS

음ㅁ

AUMENTANDO A INTENSIDADE

짜ㅆ

ㅆ

SONS ASSIMILADOS

ㄹ

ASSIMILAÇÃO NASAL

ㅁ/ㅇ

ㅃ

CONSOANTES COMPLEXAS

겹받침

EFEITOS PALATAIS DE

이/히

ㄸ

SIMPLIFICAÇÃO DE SOM

받침

EFEITO DE ASPIRAÇÃO DE

ㅎ

## SSANG JIEUT 쌍지읒

o 'ㅈ' em joia, com força no início
*Tem o som semelhante ao de ㅈ (jieut), mas tenso*

## SSANG SIOT 쌍시옷

um som de 's', feito com força
*Tem o som semelhante ao de ㅅ (sitt), mas tenso*

## SSANG BIEUP 쌍비읍

o 'b' em banana
*Tem o som semelhante ao de ㅂ (bieup), mas tenso*

## SSANG DIGEUT 쌍디귿

como o som de 'd' em dado
*Tem o som semelhante ao de ㄷ (digeut), mas tenso*

---

### RESSILABIFICAÇÃO

Consoante final seguida de vogal inicial, carrega o som.

음악 → 으악
맘 아 | 으악

o ㅎ final não é carregado e
o ㅎ final não é audível/fraco

---

### INTENSIFICAÇÃO

ㄱㄷㅂㅅㅈ seguindo uma 받침 são dobradas para
ㄲ ㄸ ㅃ ㅆ ㅉ

ㅎ final apenas intensifica uma
ㅅ, inicial, tornando-a uma ㅆ

ㅎ
ㅂㅈ | ㅄㅉ | 잡찌
ㅈㅅ | 받찜 | 잦씨

---

ㄴ+ㄹ > ㄹ+ㄹ
ㄹ+ㄴ > ㄹ+ㄹ

Cria um som de 'L' duplo

*Mas caso contrário...*

ㄹ+ㄹ > ㄹ

Cria um som de 'L' único

---

Seguido por uma consoante:

ㄳ ㄺ ㄼ ㄾ
ㄽ ㄵ ㄶ
ㄺ ㄻ ㄿ
ㄼ

> PRONUNCIE PRIMEIRO
> PRONUNCIE SEGUNDO

**DIVIDIR - CARREGAR O 2º**
**- DIZER AMBAS**
*Há exceções*

Seguido por uma vogal:

### PALATALIZAÇÃO

ㄷ+이 > 지
ㅌ+이 > 치
ㄷ+히 > 치

Novos sons feitos com certas combinações de letras em alta velocidade.

---

Quando o som simplificado de uma 받침 encontra os sons nasais de ㅁ ou ㄴ

ㄱ+ㄴ/ㅁ > ㄱ=ㅇ
ㅂ+ㄴ/ㅁ > ㅂ=ㅁ
ㄷ+ㄴ/ㅁ > ㄷ=ㄴ

*Note:* ㄱ+ㄹ > ㅇ=ㄴ

---

ㄲ > ㄱ
ㅋ > ㄱ
ㅌ > ㄷ
ㅎ > ㄷ
ㅅ ㅆ > ㅌ
ㅈ ㅊ > ㅌ
ㅍ > ㅂ

Alterar a pronúncia como consoantes finais

---

ㄱ
ㄷ +ㅎ  OR  ㅎ+ ㄱ > ㅋ
ㅂ            ㄷ > ㅌ
ㅈ            ㅂ > ㅍ
             ㅈ > ㅊ

Sons de consoantes reforçados por ㅎ

감사합니다

*(gam-sa-ham-ni-da)*

**Obrigada**

# Obrigada por escolher o nosso livro.

Agora você está no caminho certo para aprender a ler, escrever e falar coreano e esperamos que tenha gostado do nosso livro de exercícios de Hangul para iniciantes.

Se você gostou de aprender coreano conosco, gostaríamos muito de saber mais sobre o seu progresso em uma avaliação.

Estamos sempre abertos a sugestões sobre como podemos melhorar nossos livros para futuros estudantes. Estamos empenhados em disponibilizar o melhor conteúdo de aprendizagem de idiomas! Por favor, entre em contato conosco por e-mail se você tiver algum problema com algum conteúdo deste livro:

hello@polyscholar.com

POLYSCHOLAR

www.polyscholar.com